LOIS NOUVELLES

CONCERNANT

LE CONSEIL SUPÉRIEUR

DE L'INSTRUCTION PUBLIQUE

LES CONSEILS ACADÉMIQUES

ET

L'ENSEIGNEMENT SUPÉRIEUR LIBRE

SUIVIES DES PRINCIPAUX DOCUMENTS
RELATIFS A L'ENSEIGNEMENT PUBLIC OU LIBRE.

DEUXIÈME ÉDITION
Revue et augmentée.

PARIS
IMPRIMERIE ET LIBRAIRIE CLASSIQUES
MAISON JULES DELALAIN ET FILS
DELALAIN FRÈRES, Successeurs
56, RUE DES ÉCOLES.

LOIS NOUVELLES

CONCERNANT

LE CONSEIL SUPÉRIEUR

DE L'INSTRUCTION PUBLIQUE

LES CONSEILS ACADÉMIQUES

ET

L'ENSEIGNEMENT SUPÉRIEUR LIBRE

SUIVIES DES PRINCIPAUX DOCUMENTS
RELATIFS A L'ENSEIGNEMENT PUBLIC OU LIBRE.

DEUXIÈME ÉDITION
Revue et augmentée.

PARIS
IMPRIMERIE ET LIBRAIRIE CLASSIQUES
Maison Jules DELALAIN et Fils
DELALAIN FRÈRES, Successeurs
56, RUE DES ÉCOLES.

TABLE.

2° DOCUMENTS ANNEXES.

LOI

RELATIVE AU

CONSEIL SUPÉRIEUR DE L'INSTRUCTION PUBLIQUE

ET AUX

CONSEILS ACADÉMIQUES.

27 février 1880.

Le Sénat et la Chambre des députés ont adopté,
Le Président de la République promulgue la loi dont la teneur suit :

TITRE Ier. *Du Conseil supérieur de l'Instruction publique.*

ARTICLE 1er. — Le Conseil supérieur de l'Instruction publique est composé comme suit :

Le Ministre, président ;

Cinq membres de l'Institut, élus par l'Institut en assemblée générale et choisis dans chacune des cinq classes ;

Neuf conseillers, nommés par décret du Président de la République en conseil des Ministres, sur la présentation du Ministre de l'Instruction publique, et choisis parmi les directeurs et anciens directeurs du ministère de l'Instruction publique, les inspecteurs généraux et anciens inspecteurs généraux, les recteurs et anciens recteurs, les inspecteurs et anciens inspecteurs d'Académie, les professeurs en exercice et anciens professeurs de l'enseignement public ;

Deux professeurs du Collège de France, élus par leurs collègues ;

Un professeur du Muséum, élu par ses collègues ;

Un professeur titulaire des Facultés de théologie catholique, élu par l'ensemble des professeurs, des suppléants et des chargés de cours desdites Facultés ;

Un professeur titulaire des Facultés de théologie protestante, élu par les professeurs, les chargés de cours et les maîtres de conférences ;

Deux professeurs titulaires des Facultés de droit, élus au scrutin de liste par les professeurs, les agrégés et les chargés de cours ;

Deux professeurs titulaires des Facultés de médecine ou des Facultés mixtes, élus au scrutin de liste par les professeurs, les agrégés en exercice, les chargés de cours et les maîtres de conférences pourvus du grade de docteur;

Un professeur titulaire des Écoles supérieures de pharmacie ou des Facultés mixtes, élu dans les mêmes conditions;

Dans les Facultés mixtes, les professeurs de l'enseignement médical voteront pour les deux professeurs de médecine, et les professeurs de l'enseignement de la pharmacie voteront pour le professeur de pharmacie ;

Deux professeurs titulaires des Facultés des sciences, élus au scrutin de liste par les professeurs, les suppléants, les chargés de cours et les maîtres de conférences pourvus du grade de docteur;

Deux professeurs titulaires des Facultés des lettres, élus dans les mêmes conditions;

Deux délégués de l'École normale supérieure, un pour les lettres, l'autre pour les sciences, élus par le directeur,

1.

le sous-directeur et les maîtres de conférences de l'école,
et choisis parmi eux ;

Un délégué de l'École normale d'enseignement spécial,
élu par le directeur, le sous-directeur et les professeurs de
l'école, et choisi parmi eux ;

Un délégué de l'École nationale des chartes, élu par les
membres du Conseil de perfectionnement et les professeurs,
et choisi parmi eux ;

Un professeur titulaire de l'École des langues orientales
vivantes, élu par ses collègues ;

Un délégué de l'École polytechnique, élu par le commandant, le commandant en second, les membres du Conseil de perfectionnement, le directeur des études, les exa-
minateurs, professeurs et répétiteurs de l'école, et choisi
parmi eux ;

Un délégué de l'École des beaux-arts, élu par le directeur et les professeurs de l'école, et choisi parmi eux ;

Un délégué du Conservatoire des arts et métiers, élu par
le directeur, le sous-directeur et les professeurs, et choisi
parmi eux ;

Un délégué de l'École centrale des arts et manufactures,
élu par le directeur et les professeurs de l'école, et choisi
parmi eux ;

Un délégué de l'Institut agronomique, élu par le directeur et les professeurs de cet établissement, et choisi parmi
eux ;

Huit agrégés en exercice de chacun des ordres d'agrégation (grammaire, lettres, philosophie, histoire, mathématiques, sciences physiques ou naturelles, langues vivantes,
enseignement spécial), élus par l'ensemble des agrégés du
même ordre, qui sont professeurs ou fonctionnaires en
exercice dans les Lycées;

Deux délégués des Collèges communaux, élus, l'un dans

l'ordre des lettres, l'autre dans l'ordre des sciences, par les principaux et professeurs en exercice dans ces Collèges, pourvus du grade de licencié dans le même ordre ;

Six membres de l'enseignement primaire, élus au scrutin de liste par les inspecteurs généraux de l'instruction primaire, par le directeur de l'enseignement primaire de la Seine, les inspecteurs d'Académie des départements, les inspecteurs primaires, les directeurs et directrices des Écoles normales primaires, la directrice de l'école Pape-Carpantier, les inspectrices générales et les déléguées spéciales chargées de l'inspection des salles d'asile ;

Quatre membres de l'enseignement libre, nommés par le Président de la République, sur la proposition du Ministre.

ART. 2. — Tous les membres du Conseil sont nommés pour quatre ans. Leurs pouvoirs peuvent être indéfiniment renouvelés.

ART. 3. — Les neuf membres nommés conseillers par décret du Président de la République, et six conseillers que le Ministre désigne parmi ceux qui procèdent de l'élection, constituent une section permanente.

ART. 4. — La section permanente a pour fonctions :

D'étudier les programmes et règlements avant qu'ils soient soumis à l'avis du Conseil supérieur.

Elle donne son avis :

Sur les créations de Facultés, Lycées, Collèges, Écoles normales primaires ;

Sur les créations, transformations ou suppressions de chaires ;

Sur les livres de classe, de bibliothèque et de prix qui doivent être interdits dans les écoles publiques ;

Et enfin sur toutes les questions d'études, d'administration, de discipline ou de scolarité qui lui sont renvoyées par le Ministre.

En cas de vacance d'une chaire dans une Faculté, la section permanente présente deux candidats, concurremment avec la Faculté dans laquelle la vacance existe.

En ce qui concerne les Facultés de théologie, la section permanente donne son avis sur la présentation faite au Ministre selon les lois et règlements auxquels d'ailleurs il n'est rien innové.

ART. 5. — Le Conseil donne son avis :

Sur les programmes, méthodes d'enseignement, modes d'examens, règlements administratifs et disciplinaires relatifs aux écoles publiques, déjà étudiés par la section permanente ;

Sur les règlements relatifs aux examens et à la collation des grades;

Sur les règlements relatifs à la surveillance des écoles libres ;

Sur les livres d'enseignement, de lecture et de prix qui doivent être interdits dans les écoles libres comme contraires à la morale, à la Constitution et aux lois ;

Sur les règlements relatifs aux demandes formées par les étrangers pour être autorisés à enseigner, à ouvrir ou à diriger une école.

ART. 6. — Un décret, rendu en la forme des règlements d'administration publique, après avis du Conseil supérieur de l'Instruction publique, détermine le tarif des droits d'inscription, d'examen et de diplôme à percevoir dans les établissements d'enseignement supérieur chargés de la collation des grades, ainsi que les conditions d'âge pour l'admission aux grades.

L'article 14 de la loi du 14 juin 1854 est abrogé[1].

ART. 7. — Le Conseil statue en appel et en dernier ressort sur les jugements rendus par les Conseils académiques en matière contentieuse ou disciplinaire.

Il statue également en appel et en dernier ressort sur les jugements rendus par les Conseils départementaux, lorsque ces jugements prononcent l'interdiction absolue d'enseigner contre un instituteur primaire, public ou libre.

Lorsqu'il s'agit : 1° de la révocation, du retrait d'emploi, de la suspension des professeurs titulaires de l'enseignement public, supérieur ou secondaire, ou de la mutation pour emploi inférieur des professeurs titulaires de l'enseignement public supérieur; 2° de l'interdiction du droit d'enseigner ou de diriger un établissement prononcée contre un membre de l'enseignement public ou libre; 3° de l'exclusion des étudiants de l'enseignement public ou libre de toutes les Académies, la décision du Conseil supérieur doit être prise aux deux tiers des suffrages.

---

1. Voici les termes de cet article :

« Un décret, rendu en la forme des règlements d'administration publique, déterminera le tarif des droits d'inscription, d'examen et de diplôme à percevoir dans les établissements d'enseignement supérieur chargés de la collation des grades.

« Un décret, rendu en la même forme, après avis du Conseil supérieur de l'Instruction publique, réglera les conditions d'âge et d'études pour l'admission aux grades, sans qu'il puisse être dérogé à l'article 63 de la loi du 15 mars 1850*. »

* Cet article est ainsi conçu :

« Aucun certificat d'études ne sera exigé des aspirants au diplôme de bachelier ou au brevet de capacité.

« Le candidat peut choisir la Faculté ou le jury académique devant lequel il subira son examen.

« Un candidat refusé ne peut se présenter avant trois mois à un nouvel examen sous peine de nullité du diplôme ou brevet indûment obtenu. »

Art. 8. — Le Conseil se réunit en assemblée générale deux fois par an. Le Ministre peut le convoquer en session extraordinaire.

TITRE II. *Des Conseils académiques.*

Art. 9. — Il est institué au chef-lieu de chaque Académie un Conseil académique composé :

1° Du recteur, président ;

2° Des inspecteurs d'Académie ;

3° Des doyens des Facultés de théologie catholique ou protestante, de droit, de médecine, des sciences et des lettres, des directeurs des Écoles supérieures de pharmacie de l'État, des directeurs des Écoles de plein exercice et préparatoires de médecine et de pharmacie, et des directeurs des Écoles préparatoires à l'enseignement supérieur des sciences et des lettres du ressort ;

4° D'un professeur titulaire de chacune de ces Facultés ou Écoles supérieures de pharmacie du ressort, élu dans chacune d'elles par les professeurs, les suppléants, les agrégés en exercice, les chargés de cours et les maîtres de conférences ;

5° D'un professeur titulaire des Écoles préparatoires de médecine et de pharmacie du ressort, élu par l'ensemble des professeurs, chargés de cours ou suppléants de ces écoles, pourvus du grade de docteur ou de pharmacien de première classe ;

6° D'un professeur titulaire des Écoles préparatoires à l'enseignement supérieur des sciences et des lettres du ressort, élu par l'ensemble des professeurs et chargés de cours ;

7° D'un proviseur et d'un principal de l'un des Lycées

et Collèges communaux de plein exercice du ressort désignés par le Ministre ;

8° De deux professeurs de l'ordre des sciences, agrégés ou docteurs, élus au scrutin de liste par les professeurs du même ordre, agrégés ou docteurs, en exercice dans les Lycées du ressort ;

9° De deux professeurs de l'ordre des lettres, agrégés ou docteurs élus dans les mêmes conditions ;

10° De deux professeurs des Collèges communaux du ressort, pourvus du grade de licencié, l'un pour l'ordre des lettres, l'autre pour l'ordre des sciences, élus par l'ensemble des professeurs de ces établissements, pourvus des mêmes grades et appartenant au même ordre ;

11° De deux membres choisis par le Ministre dans les Conseils généraux, et deux dans les Conseils municipaux, qui concourent aux dépenses de l'enseignement supérieur ou secondaire du ressort.

Art. 10. — Les membres du Conseil académique, nommés par le Ministre ou élus, le sont pour quatre ans Leurs pouvoirs peuvent être renouvelés. Les pouvoirs des Conseillers généraux et des Conseillers municipaux cessent avec leur qualité de Conseillers généraux et de Conseillers municipaux.

Art. 11. — Le Conseil académique donne son avis sur les règlements relatifs aux Collèges communaux, aux Lycées et aux établissements d'enseignement supérieur public ; sur les budgets et comptes d'administration de ces établissements ; sur toutes les questions d'administration et de discipline concernant ces mêmes établissements, qui lui sont renvoyées par le Ministre.

Il adresse, chaque année, au Ministre, un rapport sur la

situation des établissements d'enseignement public, secondaire et supérieur, et sur les améliorations qui peuvent y être introduites.

Il est saisi par le Ministre ou le recteur des affaires contentieuses ou disciplinaires qui sont relatives à l'enseignement secondaire ou supérieur, public ou libre; il les instruit, et il prononce, sauf recours au Conseil supérieur, les décisions et les peines à appliquer.

L'appel au Conseil supérieur d'une décision du Conseil académique doit être fait dans le délai de quinze jours à partir de la notification qui en est donnée en la forme administrative. Cet appel est suspensif; toutefois le Conseil académique pourra, dans tous les cas, ordonner l'exécution provisoire de ses décisions, nonobstant appel.

Les membres de l'enseignement public ou libre, traduits devant le Conseil académique ou le Conseil supérieur, ont le droit de prendre connaissance du dossier, de se défendre ou de se faire défendre de vive voix, ou au moyen de mémoires écrits.

Pour les affaires contentieuses ou disciplinaires intéressant les membres de l'enseignement libre, supérieur ou secondaire, deux membres de l'enseignement libre, nommés par le Ministre, sont adjoints au Conseil académique.

ART. 12. — Le Conseil académique se réunit deux fois par an en session ordinaire. Il peut être convoqué extraordinairement par le Ministre.

ART. 13. — Indépendamment du pouvoir disciplinaire réglé par les articles 7 et 11 de la présente loi, le Ministre de l'Instruction publique peut prononcer, contre tout membre de l'enseignement public, la réprimande devant le Conseil académique, et la censure devant le Conseil supérieur. Ces décisions ne sont susceptibles d'aucun recours.

ART. 14. — Il peut également prononcer la mutation pour emploi inférieur, en ce qui concerne un professeur de l'enseignement supérieur, sur l'avis conforme du Conseil supérieur, et en ce qui concerne un professeur de l'enseignement secondaire, après avoir pris l'avis de la section permanente.

ART. 15. — Le Ministre de l'Instruction publique peut prononcer la suspension pour un temps qui n'excédera pas un an, sans privation de traitement. La suspension pour un temps plus long, avec privation totale ou partielle de traitement, ne pourra être prononcée que par le Conseil académique, ou en appel par le Conseil supérieur.

ART. 16. — Sont et demeurent abrogées les dispositions des lois, décrets, ordonnances et règlements contraires à la présente loi.

La présente loi, délibérée et adoptée par le Sénat et par la Chambre des députés, sera exécutée comme loi de l'État.

Fait à Paris, le 27 février 1880.

JULES GRÉVY.

Par le Président de la République :

Le Ministre de l'Instruction publique et des Beaux-Arts,

JULES FERRY.

Décret portant règlement d'administration publique pour les élections au Conseil supérieur de l'Instruction publique et aux Conseils académiques.

16 Mars 1880.

Le Président de la République française,
Sur le rapport du Ministre de l'Instruction publique et des Beaux-Arts,
Vu la loi du 27 février 1880 ;
Le Conseil d'État entendu,

Décrète :

ARTICLE 1er. — Lorsqu'il y a lieu de procéder à l'élection des membres du Conseil supérieur de l'Instruction publique, le Ministre de l'Instruction publique et des Beaux-Arts fixe, par un arrêté, l'époque des élections. Un délai minimum de quinze jours est obligatoire entre la publication de l'arrêté au *Journal officiel* et les élections.

ART. 2. — L'élection a lieu au scrutin secret et à la majorité absolue des suffrages exprimés.

Si un second tour de scrutin est nécessaire, il y est procédé quinze jours après ; dans ce cas, la majorité relative suffit.

ART. 3. — Les bulletins sont valables, bien qu'ils portent plus ou moins de noms qu'il n'y a de conseillers à élire.

Les derniers noms inscrits au delà de ce nombre ne sont pas comptés.

Les bulletins blancs ou illisibles, ceux qui ne contien-

-nent pas une désignation suffisante, ou dans lesquels les votants se font connaître, n'entrent pas en compte dans le résultat du dépouillement, mais ils sont annexés au procès-verbal.

ART. 4. — En cas d'égalité de suffrages, la préférence se détermine par l'ancienneté des services, et par l'âge si l'ancienneté est la même.

En cas de refus d'un candidat élu à la majorité absolue, il est procédé à une nouvelle élection.

En cas de refus d'un candidat élu à la majorité relative, il est procédé à un nouveau tour de scrutin.

Le délégué élu par plusieurs corps est tenu de faire connaître son option au Ministre, dans les trois jours qui suivent l'insertion au *Journal officiel* du procès-verbal des opérations électorales.

A défaut d'option dans ce délai, le Ministre, assisté de la Commission instituée par l'article 12, détermine par la voie du sort le corps dont l'élu devra être le représentant.

Il sera procédé quinze jours après à une nouvelle élection.

En cas de vacance, par décès ou démission, dans le Conseil supérieur et dans les Conseils académiques, il est pourvu à la vacance dans le délai de trois mois.

L'acceptation par un membre élu d'une fonction qui ne lui conserve pas l'éligibilité dans la catégorie spéciale où il est placé donne lieu également à vacance. Il est alors pourvu au remplacement de ce membre dans le même délai de trois mois.

ART. 5. — Le Ministre de l'Instruction publique et des Beaux-Arts communique l'arrêté fixant la date des élections au Ministre de la Guerre et au Ministre de l'Agriculture et du Commerce, qui prennent les mesures nécessaires pour que l'École polytechnique, le Conservatoire des arts et métiers, l'École centrale des arts et manufactures, l'Institut agronomique, nomment leurs délégués à la date fixée. Le dépouillement des votes est fait par le bureau. Les procès-verbaux de ces élections sont transmis, le jour même, au Ministre de l'Instruction publique et des Beaux-Arts.

ART. 6. — Le Ministre de l'Instruction publique et des Beaux-Arts informe du jour fixé pour les élections : le président de l'Institut, l'administrateur du Collège de France, le directeur du Muséum, le directeur de l'École normale supérieure, le directeur de l'École normale d'enseignement spécial, le président du Conseil de perfectionnement et le directeur de l'École nationale des chartes, le directeur de l'École des langues orientales vivantes, le directeur de l'École des beaux-arts, qui font procéder à l'élection au jour fixé. Immédiatement après la clôture du scrutin, le dépouillement des votes est fait par le bureau. Procès-verbal des élections est transmis le jour même au Ministre.

ART. 7. — Au jour fixé par l'arrêté ministériel, les professeurs de chaque Faculté et des Écoles supérieures de pharmacie se réunissent sous la présidence du doyen ou du directeur. Le scrutin est ouvert durant deux heures. Il a été dressé au préalable, en double, une liste des électeurs de chaque Faculté ou École, liste certifiée par le recteur et le doyen ou le directeur. Chaque électeur, en signant cette liste en face de son nom, remet au doyen un pli cacheté ne portant aucun signe extérieur et renfermant son bulletin de vote. Tous les plis cachetés ainsi recueillis sont mis, séance tenante, sous une enveloppe générale avec un exemplaire de la liste émargée et le procès-verbal de la séance. Le tout est scellé, parafé par le doyen et le plus ancien des professeurs et expédié le même jour au Ministre.

ART. 8. — Les mesures édictées par l'article 7 sont applicables aux agrégés des Lycées et aux professeurs des Collèges communaux. Les votes sont recueillis par le chef de l'établissement, assisté du plus âgé et du plus jeune des électeurs présents.

ART. 9. — Les agrégés qui ont obtenu ce titre, soit dans les lettres, soit dans les sciences, pendant la période où les agrégations spéciales ont été supprimées, votent avec les agrégés de la classe où ils enseignent actuellement, s'ils sont professeurs; de la dernière classe où ils ont enseigné, s'ils appartiennent actuellement à l'administration des Lycées.

ART. 10. — Les agrégés de l'enseignement classique et de l'enseignement spécial attachés aux Collèges communaux votent avec les professeurs licenciés de ces Collèges.

ART. 11. — Les inspecteurs généraux de l'enseignement primaire, le directeur de l'enseignement primaire de la Seine, les inspecteurs d'Académie des départements, les inspecteurs primaires, les directeurs et directrices d'Écoles normales, la directrice de l'école Pape-Carpantier, les inspectrices générales et les déléguées spéciales chargées de l'inspection des salles d'asile votent dans l'Académie de leur résidence.

Le recteur dresse en double la liste de tous les électeurs de l'Académie qui doivent participer à l'élection des six membres de l'enseignement primaire.

Il doit recevoir, dans la journée fixée pour le vote, les plis cachetés contenant le bulletin de vote et ne portant aucun signe extérieur. Une lettre d'envoi signée de l'électeur est jointe au pli ; le recteur, assisté d'un inspecteur d'Académie et d'un inspecteur primaire, émarge sur la liste des électeurs les noms de ceux dont il a reçu le vote. Il réunit dans une enveloppe commune tous les plis cachetés et un exemplaire de la liste émargée : il envoie le tout au Ministre.

ART. 12. — Une Commission, présidée par le vice-recteur et composée des inspecteurs de l'Académie de Paris, procède, dans un local accessible aux électeurs, au dépouillement des votes transmis au Ministre conformément aux articles 7, 8, 9, 10 et 11, ainsi qu'au recensement des votes recueillis conformément aux articles 5 et 6.

Procès-verbal de l'examen des opérations électorales et du dépouillement est publié au *Journal officiel.*

Dans les cinq jours de cette publication, les opérations électorales pourront être attaquées par tout électeur du même groupe devant le Ministre, qui statuera dans le délai d'un mois.

La décision du Ministre pourra être déférée au Conseil d'État dans le délai de quinze jours, à partir de la notification.

Faute par le Ministre d'avoir prononcé dans le délai d'un mois, la réclamation pourra être portée directement devant le Conseil d'État, statuant au contentieux.

ART. 13. — Les mesures édictées dans les articles précédents sont applicables aux élections pour les Conseils académiques ; le recteur centralise les votes et en fait le dépouillement avec l'assistance d'une Commission de deux inspecteurs d'Académie au moins, dans un local accessible aux électeurs.

Les trois derniers paragraphes de l'article 12, relatifs

aux recours, sont applicables aux opérations électorales des Conseils académiques.

ART. 14. — Le Ministre de l'Instruction publique et des Beaux-Arts est chargé de l'exécution du présent décret.

Fait à Paris, le 16 mars 1880.

JULES GRÉVY.

Par le Président de la République :

Le Ministre de l'Instruction publique et des Beaux-Arts,

JULES FERRY.

Arrêté fixant la date des élections au Conseil supérieur de l'Instruction publique.

16 Mars 1880.

Le Ministre de l'Instruction publique et des Beaux-Arts,
Vu la loi du 27 février 1880 ;
Vu le décret du 16 mars 1880,

Arrête :

ARTICLE 1er. — Les élections pour le Conseil supérieur de l'Instruction publique sont fixées au jeudi 15 avril pour la France, au dimanche 11 avril pour l'Algérie.

ART. 2. — L'examen des opérations électorales et le dépouillement des votes auront lieu au Ministère de l'Instruction publique le lundi 19 avril.

ART. 3. — Si un second tour de scrutin est nécessaire, il y sera procédé le jeudi 29 avril.

Fait à Paris le 16 mars 1880.

JULES FERRY.

Circulaire du Ministre de l'Instruction publique aux Recteurs, relative à l'exécution de la loi du 27 février 1880 et du décret du 16 mars 1880 sur la constitution et les élections du Conseil supérieur de l'Instruction publique.

18 mars 1880.

Monsieur le Recteur, j'ai l'honneur de vous adresser : 1° la loi du 27 février 1880[1], relative au Conseil supérieur de l'Instruction publique et aux Conseils académiques; 2° un décret du 16 mars 1880[2] portant règlement d'administration publique pour les élections au Conseil supérieur et aux Conseils académiques, décret délibéré en Conseil d'État; 3° un arrêté du même jour[3] fixant les élections au Conseil supérieur au 15 avril pour la France et au 11 avril pour l'Algérie.

La loi et le décret prescrivent les mesures que vous aurez à prendre. Vous devrez vous conformer strictement à la lettre même de ces dispositions. C'est d'après ce principe que sont rédigées les instructions que je vous adresse.

Toutefois, je suis certain d'être en parfait accord avec les pouvoirs publics en choisissant, dans les cas très rares où il peut y avoir quelques doutes sur le sens de la loi, l'interprétation la plus libérale.

Observations générales.

Le droit de vote est attaché à la fonction sous des conditions de grade précises; par suite, quand un électeur

1. Voir cette loi, page 1.
2. Voir ce décret, page 11.
3. Voir cet arrêté, page 16.

Lois sur l'enseignement.   2

appartient à plusieurs corps électoraux, il vote plusieurs
fois. Ainsi, le même électeur peut voter comme membre
de l'Institut, comme professeur de Faculté et comme professeur dans un autre établissement ; il peut voter à la fois
dans l'enseignement supérieur et dans l'enseignement secondaire : par exemple, un docteur, maître de conférences
près d'une Faculté, s'il est en même temps professeur
agrégé dans un Lycée, vote deux fois.

Enseignement supérieur.

Les professeurs suppléés dans les Facultés et dans les
Écoles supérieures de pharmacie font partie du corps électoral. Le titulaire et le suppléant ont le droit de vote. Le
suppléant n'est soumis qu'aux conditions de grade qu'in-
dique la loi. Les professeurs adjoints sont compris dans
la désignation générale de professeurs et prennent part
au vote.

Dans les Facultés de théologie catholique et protestante,
la loi ne fait pas du titre de docteur la condition nécessaire du droit de vote. Tous les professeurs, suppléants,
maîtres de conférences et chargés de cours de ces Facultés
prennent part au scrutin.

La loi ne mentionne les chargés des fonctions d'agrégés
ni près les Facultés de droit ni près les Facultés de médecine. Ils ne peuvent pas voter s'ils ont seulement le titre
de chargés des fonctions d'agrégés, mais ils votent s'ils
exercent dans la Faculté des fonctions qui, aux termes de la
loi, donnent le droit de vote.

Dans les Facultés de médecine, le droit de vote est acquis
à tous les chargés de cours ; c'est donc se conformer à la
loi que de l'accorder aux chargés de cours de clinique an-
nexe et de cours complémentaires.

2.

Les agrégés rappelés temporairement à l'exercice, s'ils sont en exercice au moment du scrutin, ont droit de vote.

Dans les Facultés des sciences et des lettres et dans les Écoles de pharmacie, nul ne peut voter s'il n'est docteur; par conséquent, les maîtres de conférences, suppléants ou chargés de cours, non docteurs, ne sont pas autorisés par la loi à voter. J'appelle votre attention toute particulière sur cette disposition, dont le caractère absolu ne me paraît pas avoir été compris de toutes les Facultés.

Enseignement secondaire.

En ce qui concerne l'enseignement secondaire, j'aurais désiré que les professeurs agrégés du Collège Rollin et du Collège Stanislas, qui ont des rapports étroits avec les Lycées de Paris et les mêmes intérêts, pussent prendre part au vote avec ces établissements. Mais j'ai dû reconnaître, après avoir consulté le Conseil d'État, que les termes formels de la loi du 27 février[1] ne me permettaient pas cette interprétation. Le Collège Rollin, établissement municipal, doit être classé avec les Collèges communaux et concourir à l'élection de leurs deux représentants. Le Collège Stanislas, établissement privé, ne peut prendre part au vote. Le Collège annexé à l'École normale d'enseignement spécial de Cluny, n'ayant jamais eu le caractère de Lycée, se classe naturellement avec les Collèges.

Deux questions relatives au droit électoral ont appelé particulièrement mon attention :

1° Les professeurs agrégés ou licenciés en congé sont-ils électeurs ? Le doute ne me semble pas possible pour ceux d'entre eux qui, n'ayant obtenu qu'un congé limité, de quelques mois ou même d'un an, n'ont été remplacés que

1. Voir cette loi, page 1.

par un suppléant, et ont conservé leur titre ainsi que le droit de reprendre leurs fonctions dans l'établissement auquel ils n'ont pas cessé d'appartenir. Ces professeurs agrégés ou licenciés voteront avec leurs collègues, dans le Lycée ou dans le Collège où ils sont titulaires. Ceux, au contraire, qui ont été mis en congé de disponibilité ou d'inactivité, sans conserver leur titre ni rester attachés à aucun établissement, ne peuvent être considérés comme en exercice, et ne prennent pas part au vote.

2° Les agrégés qui n'appartiennent pas à la nationalité française sont-ils électeurs? Malgré les services qu'ils ont rendus et rendent chaque jour à l'enseignement, ils ne sont pas Français aux yeux de la loi et ne peuvent, par suite, prendre part à la nomination d'une assemblée française. Il a donc paru impossible d'admettre à cet égard une dérogation aux lois générales sur la matière.

Enseignement primaire.

La composition du corps électoral dans l'enseignement primaire ne peut donner lieu à aucune difficulté; je crois toutefois devoir vous faire remarquer que la catégorie des éligibles est beaucoup plus étendue que celle des électeurs. Pour être éligible, en effet, il suffit d'appartenir à un titre quelconque à l'enseignement primaire public, et l'intention du législateur a été évidemment que les délégués pussent être choisis en dehors du corps électoral comme dans le corps lui-même par des motifs dont la haute valeur ne peut vous échapper.

Opérations électorales.

Pour l'enseignement supérieur et l'enseignement primaire, la composition très simple du corps électoral me

dispense de vous adresser les listes des électeurs ; vous les
ferez vous-même d'après la loi, le décret et ces instructions.

Je vous adresse, au contraire, les listes des électeurs de
l'enseignement secondaire des Lycées et des Collèges. Ces
listes, comprenant, pour chaque établissement, les agrégés et licenciés, qui ont droit de vote, devront être pu-
bliées par vos soins, adressées à chaque établissement
d'enseignement secondaire en ce qui le concerne, et affi-
chées immédiatement au parloir ou dans un lieu apparent
de l'établissement. Comme il est possible que, malgré le
soin apporté à la confection de ces listes, quelque omis-
sion ait été commise, ou que des déplacements opérés dans
l'intervalle qui nous sépare du vote nous rendent de nouvelles inscriptions nécessaires, vous aurez à informer
MM. les proviseurs et principaux qu'ils peuvent, jusqu'à
l'ouverture du vote, inscrire un candidat qui aura justifié
de ses droits, sauf à vous en informer par un rapport, qui
devra m'être transmis.

Pour faciliter les opérations de la Commission chargée
du dépouillement et assurer le secret complet du vote, je
vous fais parvenir des enveloppes de deux sortes : les
unes, de petit format, toutes semblables, sans signe extérieur, sont destinées à recevoir le bulletin de chaque électeur ; les autres, de grand format, devront renfermer les
bulletins de chaque groupe d'électeurs de la même ville,
un procès-verbal et une liste d'émargement. Ces dernières
enveloppes portent des indications précises, qui éviteront
toute confusion : *Faculté de... — Agrégation de... — Licence... — Enseignement primaire*, etc.

Toutes les grandes enveloppes portant la mention d'un
corps électoral particulier seront réunies par la Commission
prévue à l'article 12 du décret du 16 mars 1880 [1]. La Com-

1. Voir cet article, page 15.

mission, après avoir vérifié les listes d'émargement et les procès-verbaux, mettra dans une urne spéciale toutes les enveloppes qui forment le scrutin entier d'un corps électoral. Il sera procédé ensuite au dépouillement.

Dans les Facultés, l'application de l'article 7 du décret[1] n'offre aucune difficulté; il n'en est pas de même dans les Lycées et Collèges.

Les élections pour les Lycées et les Collèges devant être multiples, il est important qu'aucune confusion ne puisse s'établir. Vous devrez donc informer MM. les proviseurs qu'ils auront à préparer à l'avance, pour chacun des huit ordres d'agrégation, les listes d'émargement. Ils placeront sur le bureau les grandes enveloppes destinées à recevoir les votes. Chaque bulletin cacheté devra être mis immédiatement dans l'enveloppe portant pour suscription le titre de l'agrégation à laquelle se réfère le vote de l'électeur.

MM. les principaux des Collèges voudront bien ne pas oublier, de leur côté, que les délégués des Collèges communaux, soit de l'ordre des lettres, soit de l'ordre des sciences, sont nommés par les licenciés appartenant au même ordre. Les votes des licenciés ès sciences et ceux des licenciés ès lettres devront donc être séparés et placés sous des enveloppes distinctes portant pour inscription : *Délégué des lettres* ou *Délégué des sciences.*

MM. les proviseurs et principaux président le bureau électoral, même s'ils ne sont pas électeurs.

Recevez, Monsieur le Recteur, l'assurance de ma considération très distinguée.

Le Ministre de l'Instruction publique et des Beaux-Arts,

JULES FERRY.

1. Voir cet article, p. 13.

LOI

RELATIVE A LA LIBERTÉ

DE L'ENSEIGNEMENT SUPÉRIEUR.

18 mars 1880.

Le Sénat et la Chambre des députés ont adopté,
Le Président de la République promulgue la loi dont la
teneur suit :

ARTICLE 1ᵉʳ. — Les examens et épreuves pratiques qui
déterminent la collation des grades ne peuvent être subis
que devant les Facultés de l'État.

Les examens et épreuves pratiques qui déterminent la
collation des titres d'officiers de santé, pharmaciens, sages-
femmes et herboristes ne peuvent être subis que devant
les Facultés de l'État, les Écoles supérieures de pharmacie
de l'État et les Écoles secondaires de médecine de l'État.

ART. 2. — Tous les candidats sont soumis aux mêmes
règles en ce qui concerne les programmes, les conditions
d'âge, de grades, d'inscriptions, de travaux pratiques, de
stage dans les hôpitaux et dans les officines, les délais obligatoires entre chaque examen et les droits à percevoir au
profit du Trésor public.

ART. 3. — Les inscriptions prises dans les Facultés de
l'État sont gratuites.

ART. 4. — Les établissements libres d'enseignement supérieur ne pourront, en aucun cas, prendre le titre d'Université.

Les certificats d'études qu'on y jugera à propos de décerner aux élèves ne pourront porter les titres de baccalauréat, de licence ou de doctorat.

ART. 5. — Les titres ou grades universitaires ne peuvent être attribués qu'aux personnes qui les ont obtenus après les examens ou les concours réglementaires subis devant les professeurs ou les jurys de l'État.

ART. 6. — L'ouverture des cours isolés est soumise, sans autre réserve, aux formalités prévues par l'article 3 de la loi du 12 juillet 1875[1].

ART. 7. — Aucun établissement d'enseignement libre, aucune association formée en vue de l'enseignement supérieur ne peut être reconnue d'utilité publique qu'en vertu d'une loi.

ART. 8. — Toute infraction aux dispositions des articles 4 et 5 de la présente loi sera punie d'une amende de 100 à 1 000 francs, et de 1 000 à 3 000 francs en cas de récidive.

ART. 9. — Sont abrogées les dispositions des lois, décrets, ordonnances et règlements contraires à la présente loi, notamment l'avant-dernier paragraphe de l'article 2, le paragraphe 2 de l'article 5 et les articles 11, 13, 14 et 15 de la loi du 12 juillet 1875[2].

La présente loi, délibérée et adoptée par le Sénat et la Chambre des députés, sera exécutée comme loi de l'État.

Fait à Paris, le 18 mars 1880.

JULES GRÉVY.

Par le Président de la République:

Le Ministre de l'Instruction publique et des Beaux-Arts,

JULES FERRY.

1. Voir cet article, page LXXXV.
2. Voir ces paragraphes et ces articles, pages LXXXV, LXXXVII, LXXXIX à XCI.

Décret relatif à la suppression des droits d'inscriptions dans les établissements d'enseignement supérieur.

20 mars 1880.

Le Président de la République française,

Sur le rapport du Ministre de l'Instruction publique et des Beaux-Arts,

Vu la loi du 18 mars 1880[1] relative à la liberté de l'enseignement supérieur, et notamment les dispositions qui déclarent gratuites les inscriptions prises dans les Facultés de l'État ;

Considérant qu'aux termes des lois ou décrets ou des contrats passés entre l'État et les villes pour les créations des Facultés de droit de Lyon et de Montpellier, des Facultés mixtes de médecine et de pharmacie de Bordeaux, de Lille, de Lyon et de Toulouse, le produit des droits d'inscriptions était acquis aux caisses municipales en compensation des sacrifices imposés par l'État comme condition expresse de l'existence de ces établissements ;

Considérant qu'au cours de la discussion de la loi promulguée le 18 mars, il a été entendu et déclaré formellement qu'il sera tenu compte aux villes des sommes auxquelles les contrats antérieurs leur donnaient droit ; qu'au cours de la même discussion, il a été également entendu que les inscriptions seraient gratuites dans les Écoles de plein exercice et dans les Écoles préparatoires de médecine et de pharmacie, et qu'il serait tenu compte aux villes des sommes auxquelles la législation antérieure leur donnait droit ;

1. Voir cette loi, page 23.

Décrète :

ARTICLE 1er. — Les droits d'inscriptions cesseront d'être perçus à la date du 1er avril prochain, dans les Facultés de l'État, les Écoles de plein exercice et les Écoles préparatoires de médecine et de pharmacie.

La validation des inscriptions prises dans les Écoles de plein exercice et les Écoles préparatoires ne donne lieu à la perception d'aucun droit, à quelque époque que remontent ces inscriptions, et quel que soit le régime d'examen pour lequel les candidats ont opté.

ART. 2. — Il sera tenu compte aux villes dans lesquelles sont instituées des Écoles de plein exercice ou des Écoles préparatoires de médecine et de pharmacie, des sommes dont la perception leur était acquise à titre de droits d'inscriptions, en vertu des décrets antérieurs.

Il sera tenu compte des mêmes droits aux villes de Lyon et de Montpellier, en ce qui concerne les Facultés de droit, et aux villes de Bordeaux, Lille, Lyon et Toulouse, en ce qui concerne les Facultés mixtes de médecine et de pharmacie, conformément aux dispositions des contrats passés précédemment entre l'État et les municipalités.

ART. 3. — Dans le premier trimestre de chaque année, le Ministre de l'Instruction publique arrêtera, sur le vu du relevé des inscriptions dressé par l'inspecteur d'Académie et contresigné par le recteur, le compte des sommes qui, aux termes des lois ou conventions antérieures, seraient entrées dans les caisses municipales pour l'année précédente.

Le montant de la dépense pour les Écoles de plein exercice et les Écoles préparatoires sera rattaché au chapitre 7 en un paragraphe spécial ; pour les Facultés mentionnées leur vote renfermé dans une enveloppe du type adopté au précédent article, il sera procédé par voie de réduction sur les sommes à reverser par les villes.

Art. 4. — Les Ministres de l'Instruction publique et des Finances sont chargés, chacun en ce qui le concerne, de l'exécution du présent décret.

Fait à Paris, le 20 mars 1880.

Jules GRÉVY.

Par le Président de la République :

Le Ministre de l'Instruction publique
et des Beaux-Arts,

Jules FERRY.

Le Ministre des finances,
J. MAGNIN.

Circulaire du Ministre de l'Instruction publique aux recteurs, relative au mode des élections au Conseil supérieur de l'Instruction publique dans les Facultés.

5 Avril 1880.

Monsieur le Recteur, plusieurs difficultés de détail m'ont été soumises relativement aux élections au conseil supérieur.

1° Comment votent les professeurs qui se trouvent, au moment du scrutin, éloignés par un service public de la faculté à laquelle ils appartiennent?

Ils votent par correspondance. Ils adressent, avant le 15 avril, au président du bureau électoral de la faculté, pour tous les électeurs. Une lettre d'envoi est jointe au vote. Le président du bureau émarge le nom de l'électeur.

Si le doyen est absent pour un service public ou par force majeure, le plus ancien professeur de la Faculté préside le bureau électoral.

2° Les chargés de cours retenus loin de la Faculté par un examen ont-ils droit de voter?

Ils ont droit de voter, leur absence n'étant que temporaire et ne leur faisant pas perdre le titre de chargés de cours. Ils votent par correspondance dans la Faculté à laquelle ils appartiennent.

3° Les chargés de cours qui remplacent d'autres chargés de cours retenus par un examen ou par un service public ont-ils droit de vote?

Ces chargés de cours ont droit de vote. Toutefois, il est bien entendu qu'ils doivent remplir les conditions de grades exigées par la loi.

4° Comment votent les professseurs des facultés mixtes dont les cours sont obligatoires à la fois pour les étudiants en médecine et pour les étudiants en pharmacie?

La loi établit que le titulaire d'une seule fonction ne dispose que d'un seul vote : ces professeurs ne peuvent donc pas voter deux fois. Ils doivent, avant le scrutin, opter pour la médecine ou pour la pharmacie. Dans la plupart des cas, l'option sera facile : elle est indiquée d'avance par les antécédents des professeurs, quelquefois même par leurs grades; mais je crois me conformer à l'esprit libéral de la loi en laissant chacun choisir selon ses préférences; il n'y a de limites au choix des professeurs que les conditions de grades qui sont absolues pour appartenir à l'un ou à l'autre des corps électoraux.

Plusieurs des listes électorales qui m'ont été transmises contiennent des erreurs. Vous voudrez bien refaire ces listes et me les adresser avant le 10 avril.

Recevez, etc.

Le Ministre de l'Instruction publique et des Beaux-Arts,

JULES FERRY.

Décret portant règlement intérieur du Conseil supérieur de l'Instruction publique.

11 Mai 1880.

Le Président de la République française,

Sur le rapport du Ministre de l'Instruction publique et des Beaux-Arts,

Vu la loi du 27 février 1880 [1],

Décrète :

ARTICLE 1er. — Le Président de la République désigne chaque année, sur la proposition du Ministre de l'Instruction publique, un vice-président et un secrétaire du Conseil supérieur de l'Instruction publique, choisis parmi les membres du Conseil.

ART. 2. — Un arrêté ministériel fixe l'ouverture et la durée des sessions.

1. Voir cette loi, page 1.

ART. 3. — A l'ouverture de la session, le Ministre fait distribuer au Conseil la liste des affaires qui seront traitées dans la session.

Sur la proposition du Ministre, le Conseil se divise en commissions entre lesquelles sont réparties les affaires inscrites à l'ordre du jour. En matière disciplinaire ou contentieuse, les commissions sont élues au scrutin secret.

Les commissions nomment leur président et leur secrétaire.

ART. 4. — Les conseillers qui veulent soumettre une proposition au Conseil la présentent par écrit au président.

Cette proposition est renvoyé de droit à la section permanente. Après l'avis de la section, le Ministre décide si le Conseil doit être saisi de la proposition.

ART. 5. — En matière contentieuse ou disciplinaire, les affaires sont inscrites au secrétariat du Conseil supérieur, d'après l'ordre de leur arrivée, sur un registre à ce destiné.

Elles sont jugées suivant l'ordre de leur inscription et dans la plus prochaine session.

Les rapports sont faits par écrit; ils sont déposés, avec le dossier, au secrétariat par les rapporteurs, un jour franc avant le jour fixé pour la délibération, et sont tenus à la disposition des intéressés et des membres du Conseil.

En matière disciplinaire, la section permanente et le conseil supérieur sont tenus d'entendre l'inculpé et son Conseil dans leurs explications, si l'inculpé en fait la demande.

ART. 6. — La présence de la moitié plus un des mem-

bres du Conseil est nécessaire pour la validité des délibérations.

En cas de partage, si la matière n'est ni contentieuse
ni disciplinaire, la voix du président est prépondérante ; si
la matière est contentieuse, il en est délibéré de nouveau,
et les membres qui n'ont pas assisté à la délibération sont
spécialement convoqués. S'il y a, de nouveau, partage dans
la deuxième délibération, la voix du président est prépondérante.

En matière disciplinaire, toute décision doit être prise
aux deux tiers des suffrages.

ART. 7. — Les séances du Conseil ne sont pas publiques.

Les procès-verbaux des séances sont transcrits en double
expédition sur des registres spéciaux ; ils sont signés par
le président et le secrétaire.

Les avis et décisions du Conseil sont publiés au *Journal
général et au Bulletin administratif du Ministère de l'Instruction publique*. Les procès-verbaux ne peuvent être
rendus publics à moins de décision spéciale du Ministre.

ART. 8. — Les décrets ou arrêtés qui interviennent sur
l'avis du Conseil supérieur portent la mention : *le Conseil
supérieur de l'Instruction publique entendu*.

ART. 9. En matière contentieuse ou disciplinaire, les
décisions du Conseil sont notifiées par le Ministre.

Les parties ont toujours le droit d'en obtenir expédition.

ART. 10. — La section permanente est présidée par le
Ministre, qui délègue, quand il le juge convenable, un
membre de la section pour le remplacer.

ART. 11. — Le Ministre de l'Instruction publique et des Beaux-Arts est chargé de l'exécution du présent décret.

Fait à Paris, le 11 mai 1880.

JULES GRÉVY.

Par le Président de la République,

Le Ministre de l'Instruction publique et des Beaux-Arts,

JULES FERRY.

Décret modifiant l'organisation du comité consultatif de l'enseignement public.

11 Mai 1880.

Le Président de la République française,

Sur le rapport du Ministre de l'Instruction publique et des Beaux-Arts,

Vu les décrets des 25 mars 1873 [1] et 5 décembre 1877 [2];

Vu la loi du 27 février 1880 [3],

Décrète :

ARTICLE Ier. — Le comité consultatif de l'enseignement public est divisé en trois sections, correspondant aux trois ordres d'enseignement, supérieur, secondaire et primaire.

ART. 2. — La section de l'enseignement supérieur se compose d'inspecteurs généraux de l'enseignement supé-

---

1. Voir ce décret, page LXXXIII.
2. Voir ce décret, page XCVIII.
3. Voir cette loi, page 1.

rieur, titulaires ou honoraires, de professeurs et d'anciens professeurs des Facultés et Écoles supérieures de pharmacie, de professeurs et d'anciens professeurs des établissements de haut enseignement de l'État, du vice-recteur de l'Académie de Paris et du directeur de l'École normale supérieure.

La section de l'enseignement secondaire se compose d'inspecteurs généraux de l'enseignement secondaire, d'inspecteurs généraux des langues vivantes, du vice-recteur de l'Académie de Paris, du directeur de l'École normale supérieure.

La section de l'enseignement primaire se compose d'inspecteurs généraux de l'enseignement primaire (titulaires, honoraires, hors cadre ou délégués), du vice-recteur de l'Académie de Paris, du directeur du musée pédagogique, d'un inspecteur primaire de la Seine, du directeur de l'École normale primaire de Paris, de la directrice de l'École normale primaire de Paris, de la directrice du cours pratique des salles d'asiles, d'une inspectrice générale des salles d'asile.

Les directeurs des trois ordres d'enseignement font partie, de droit, du comité.

Chaque section a pour secrétaire un chef de bureau de l'administration centrale.

Art. 3. — Les membres du comité consultatif sont nommés par le Ministre pour une année; leur mandat est renouvelable.

Art. 4. — Les membres de l'Institut et les fonctionnaires de l'enseignement public appelés annuellement par le Ministre à présider les jurys d'agrégation, les inspecteurs d'Académie qui ont rempli, durant l'année, les fonctions d'inspecteur général, peuvent être appelés, par arrêté du Ministre, à siéger au comité avec voix délibérative.

ART. 5. — La section de l'enseignement supérieur comprend cinq commissions :

1° Commission de scolarité ;
2° Commission du droit ;
3° Commission de médecine et de pharmacie ;
4° Commission des sciences ;
5° Commission des lettres.

ART. 6. — Les sections et les commissions désignent un de leurs membres pour les présider.

Les secrétaires des sections sont secrétaires des commissions.

ART. 7. — Chaque section ou commission se réunit sur la convocation du ministre. Il ne peut y avoir moins d'une réunion par mois.

ART. 8. — La commission de scolarité de la section de l'enseignement supérieur donne son avis sur toutes les questions de scolarité qui ne sont pas renvoyées à la section permanente.

Les quatre autres commissions de la même section donnent leur avis :

Sur les vœux émis par les comités de perfectionnement des différentes académies ;

Sur les programmes des cours ;

Sur la valeur des compositions et des travaux des candidats aux grades ;

Sur les augmentations de traitement.

ART. 9. — Les commissions des sciences et des lettres

3.

étudient les rapports mensuels qui sont adressés par les doyens sur les conférences de licence et sur la préparation par correspondance.

Ces deux commissions et celle de médecine et de pharmacie dressent la liste, par ordre de mérite, des candidats aux bourses d'enseignement supérieur.

Art. 10. — La section d'enseignement secondaire délibère sur toutes les questions relatives au personnel et aux promotions qui lui sont soumises par le Ministre.

Art. 11. — La section de l'enseignement primaire donne son avis :

Sur les demandes des établissements d'enseignement primaire libres (subventions, autorisations de recevoir des boursiers de l'État, réalisation de l'engagement décennal, etc., etc.);

Sur les progrès des études dans les écoles normales ;

Sur les compositions d'examen des différents brevets ;

Sur les dispenses d'âge ;

Sur la promotion de classe des fonctionnaires ;

Et sur toutes les questions qui lui sont soumises par le Ministre.

Art. 12. — Sont abrogées les dispositions antérieures contraires au présent décret.

Art. 13. — Le Ministre de l'Instruction publique et des Beaux-Arts est chargé de l'exécution du présent décret.

Fait à Paris, le 11 mai 1880.

Jules GRÉVY.

Par le Président de la République :

Le Ministre de l'Instruction publique et des Beaux-Arts,

Jules FERRY.

Arrêté du Ministre de l'Instruction publique, fixant l'indemnité allouée aux membres non résidents du Conseil supérieur de l'Instruction publique.

20 Mai 1880.

Le Ministre de l'Instruction publique et des Beaux-Arts;

Vu l'arrêté, en date du **29 octobre 1873**, fixant à vingt-cinq francs par jour d'absence l'indemnité allouée aux inspecteurs généraux et aux fonctionnaires chargés d'une mission extraordinaire ou d'une inspection générale;

Vu l'arrêté du **26 janvier 1874**,

Arrête :

L'indemnité allouée aux membres du Conseil supérieur qui résident en dehors du département de la Seine, et qui se rendent à Paris pour les sessions du Conseil, est fixée à vingt-cinq francs par jour d'absence.

Le remboursement des frais de transport sera effectué dans les conditions précédemment déterminées.

Fait à Paris, le 20 mai 1880.

JULES FERRY.

Décret relatif au fonctionnement des Conseils académiques.

26 Juin 1880.

Le Président de la République française,

Sur le rapport du Ministre de l'Instruction publique et des Beaux-Arts,

Vu les articles 11, 12 et 15 de la loi du 27 février 1880[1],

Décrète :

ARTICLE 1er.— Le Conseil académique est présidé par le recteur.

En cas d'empêchement, le recteur délègue, avec l'autorisation du Ministre, ou à condition de lui en référer, un vice-président pour le remplacer.

Le secrétaire de l'Académie remplit les fonctions de secrétaire du Conseil sans voix délibérative.

ART. 2. — Le Conseil se réunit deux fois par an en session ordinaire, avant les vacances et après la rentrée.

La durée de chaque session est fixée par les lettres de convocation.

Le recteur, avec l'autorisation du Ministre, convoque le Conseil en session extraordinaire.

ART. 3. — A l'ouverture de chaque session, le recteur fait distribuer au Conseil la liste des affaires qui seront traitées dans la session.

ART. 4. — La première session est spécialement consacrée à l'examen de la situation de l'enseignement secon-

1. Voir cette loi, page 1.

daire public; la seconde, à l'examen de la situation de l'enseignement supérieur public.

Le Conseil examine en outre, dans sa première session ordinaire, les comptes des établissements d'enseignement supérieur et secondaire pour l'exercice précédent, et, dans la seconde session, les budgets des mêmes établissements pour l'exercice suivant.

ART. 5. — Sur la proposition du recteur, le Conseil se divise en commissions de l'enseignement supérieur, de l'enseignement secondaire et de la comptabilité.

Le Conseil nomme, quand il y a lieu, au scrutin secret, une commission des affaires disciplinaires et contentieuses.

Le recteur est membre de droit de toutes les commissions; il les préside quand il y assiste: elles nomment leurs rapporteurs; en l'absence du recteur, elles nomment leur président.

ART. 6. — Les rapports présentés au Conseil sur la comptabilité des lycées et collèges et sur la situation des établissements d'enseignement secondaire sont préparés par les inspecteurs d'Académie. Les rapports concernant la situation de l'enseignement supérieur sont préparés par les doyens et les directeurs des Écoles.

ART. 7. — Les membres qui veulent soumettre une proposition au Conseil la font parvenir par écrit au recteur, avant l'ouverture de la session. Cette proposition est renvoyée à la commission compétente. Dans un rapport adressé au recteur, la commission émet l'avis qu'il y a lieu soit de discuter immédiatement la proposition, soit de l'ajourner à une session ultérieure, soit de ne pas la prendre en considération.

ART. 8. — En matière disciplinaire, la commission spéciale instruit l'affaire et en fait rapport. Ce rapport et le dossier des pièces à l'appui sont mis à la disposition de l'inculpé, au secrétariat de l'Académie, un jour franc avant la délibération du Conseil.

Au jour fixé pour la délibération, la commission donne lecture de son rapport; l'inculpé, et, s'il en fait la demande, son conseil, sont ensuite introduits et entendus dans leurs observations. Après qu'ils se sont retirés, le président met l'affaire en délibération, et le Conseil statue.

ART. 9. — La présence de la moitié plus un des membres est nécessaire pour la validité des délibérations.

En cas de partage, lorsque la matière n'est ni disciplinaire ni contentieuse, la voix du président est prépondérante; si la matière est contentieuse, il en est délibéré à nouveau, et les membres qui n'ont pas assisté à la délibération sont spécialement convoqués. S'il y a de nouveau partage dans la deuxième délibération, la voix du président est prépondérante; si la matière est disciplinaire, l'avis favorable à l'inculpé prévaut.

Lorsqu'il s'agit : 1° de la révocation, du retrait d'emploi, de la suspension des professeurs titulaires de l'enseignement public supérieur ou secondaire, ou de la mutation pour emploi inférieur des professeurs titulaires de l'enseignement public supérieur; — 2° de l'interdiction du droit d'enseigner ou de diriger un établissement, prononcée contre un membre de l'enseignement libre, secondaire ou supérieur; — 3° de l'exclusion d'un étudiant de l'ensei-

gnement public ou libre de toutes les académies, la décision du Conseil doit être prise aux deux tiers des suffrages.

ART. 10. — A la suite de chaque session, une copie des
procès-verbaux est adressée au Ministre.

ART. 11. — Les procès-verbaux ne peuvent être rendus
publics, à moins de décision spéciale du Ministre. En matière disciplinaire ou contentieuse, les intéressés ont toujours le droit d'obtenir une copie certifiée de la décision
qui les concerne.

ART. 12. — Le Ministre de l'Instruction publique et des
Beaux-Arts est chargé de l'exécution du présent décret.

Fait à Paris, le 26 juin 1880.

JULES GRÉVY.

Par le Président de la République :

Le Ministre de l'Instruction publique et des Beaux-Arts,

JULES FERRY.

Arrêté du Ministre de l'Instruction publique, fixant les indemnités allouées aux membres non résidents des Conseils académiques.

5 Juillet 1880.

Le Ministre de l'Instruction publique et des Beaux-Arts,

Vu la loi du 27 février 1880 [1], relative au Conseil supérieur de l'Instruction publique et aux Conseils académiques;

Vu le rapport de la commission du budget, annexé au procès-verbal de la séance de la Chambre des députés du 8 juin 1880,

Arrête :

ARTICLE 1er. — Les frais de voyage et de séjour au chef-lieu de l'Académie des membres des Conseils académiques sont réglés comme il suit :

1° Remboursement des frais de transport, sur un état des dépenses réelles, certifié par le membre du conseil intéressé;

2° Allocation d'une indemnité de 15 francs par chaque jour d'absence.

ART. 2. — L'état indicatif des frais de transport et du nombre des jours d'absence sera produit en double expédition.

Chacune des deux expéditions se terminera par la formule réglementaire : *Certifié le présent état, s'élevant à la somme de* (en toutes lettres).

Fait à Paris, le 5 juillet 1880.

JULES FERRY.

1. Voir cette loi, page 1.

Décret réglant la composition du Conseil académique d'Alger.

6 Juillet 1880.

Le Président de la République française,
Sur le rapport du Ministre de l'Instruction publique et des Beaux-Arts,
Vu le décret du 15 août 1875[1] ;
Vu la loi du 27 février 1880[2] ;
Vu l'avis du Conseil supérieur de l'Instruction publique,
Le Conseil d'État entendu,

Décrète :

ARTICLE 1er. — Le Conseil académique d'Alger se compose :
Du recteur, président ;
Des inspecteurs d'Académie ;
Des directeurs des Écoles préparatoires d'enseignement du droit, de la médecine, des sciences et des lettres ;
D'un professeur titulaire à l'École préparatoire de l'enseignement du droit, ou d'un chargé de cours pourvu du du grade de docteur, élu par les professeurs chargés de cours, maîtres de conférences et suppléants de cette école ;
D'un professeur titulaire de l'École préparatoire de médecine et de pharmacie, élu par les professeurs chargés de cours et suppléants de cette école ;
D'un professeur titulaire de l'École des sciences, ou d'un chargé de cours de ladite école, pourvu soit du grade de docteur, soit du titre d'agrégé de l'ordre des sciences, élu

1 Ce décret est relatif à l'organisation de l'instruction publique en Algérie.
2. Voir cette loi, page 1.

par les professeurs chargés de cours, suppléants et maîtres de conférences de cette école;

D'un professeur titulaire de l'École des lettres, ou d'un chargé de cours, pourvu soit du grade de docteur, soit du titre d'agrégé de l'ordre des lettres, élu par les professeurs chargés de cours, suppléants et maîtres de conférences de cette école;

D'un proviseur et d'un principal d'un des Lycées et Collèges communaux de plein exercice du ressort, désignés par le Ministre;

D'un professeur de l'ordre des sciences, agrégé ou docteur, élu par l'ensemble des professeurs du même ordre, agrégés ou docteurs, en exercice dans les Lycées du ressort;

D'un professeur de l'ordre des lettres, élu dans les mêmes conditions;

D'un professeur titulaire de l'enseignement secondaire spécial, ou d'un chargé de cours de cet enseignement, pourvu soit du grade de licencié ès sciences ou ès lettres, soit du brevet de capacité de l'enseignement secondaire spécial, élu par les professeurs et chargés de cours de l'enseignement secondaire spécial des Lycées et Collèges du ressort, pourvus soit du grade de licencié ès sciences ou ès lettres, soit du brevet de capacité de l'enseignement secondaire spécial;

D'un professeur des Collèges communaux du ressort, pourvu du grade de licencié ès sciences ou ès lettres, élu par les professeurs de ces établissements pourvus du même grade;

De deux membres choisis par le Ministre dans les Conseils généraux, et de deux membres choisis dans les Conseils municipaux qui concourent aux dépenses de l'enseignement supérieur et secondaire du ressort.

Art. 2.— Les membres du Conseil académique, choisis par le Ministre ou élus, sont nommés pour quatre ans.

Leurs pouvoirs peuvent être renouvelés.

Les pouvoirs des Conseillers généraux et des Conseillers municipaux cessent avec leur qualité de Conseillers généraux et de Conseillers municipaux.

Art. 3. — Le gouverneur général est membre de droit du Conseil académique d'Alger. Quand il assiste à une séance, il la préside.

Art. 4. — Le Conseil académique d'Alger a les mêmes attributions que les Conseils académiques de la métropole.

Art. 5. — Les dispositions du décret du 15 août 1875 sont abrogées en ce qu'elles ont de contraire au présent décret.

Art. 6. — Le Ministre de l'Instruction publique et des Beaux-Arts est chargé de l'exécution du présent décret, qui sera inséré au *Bulletin des lois*.

Fait à Paris, le 6 juillet 1880.

JULES GRÉVY.

Par le Président de la République :

Le Ministre de l'Instruction publique et des Beaux-Arts,

JULES FERRY.

DOCUMENTS ANNEXES.

Loi du 15 mars 1850 sur l'enseignement.

TITRE Ier. *Des autorités préposées à l'enseignement.*

CHAPITRE Ier. Du Conseil supérieur de l'instruction publique.

ARTICLE 1er. — Le Conseil supérieur de l'instruction publique est composé comme il suit :

Le Ministre, président ;

Quatre archevêques ou évêques, élus par leurs collègues ;

Un ministre de l'Église réformée, élu par les consistoires ;

Un ministre de l'Église de la confession d'Augsbourg, élu par les consistoires ;

Un membre du consistoire central israélite, élu par ses collègues ;

Trois conseillers d'État, élus par leurs collègues ;

Trois membres de la Cour de cassation, élus par leurs collègues ;

Trois membres de l'Institut, élus en assemblée générale de l'Institut ;

Huit membres nommés par le Président de la République, en conseil des ministres, et choisis parmi les anciens membres du conseil de l'Université, les inspecteurs généraux ou supérieurs, les recteurs et les professeurs des facultés ; ces huit membres forment une section permanente ;

Trois membres de l'enseignement libre nommés par le Président de la République, sur la proposition du ministre de l'instruction publique.

ART. 2. — Les membres de la section permanente sont nommés à vie.

Ils ne peuvent être révoqués que par le Président de la République, en conseil des ministres, sur la proposition du ministre de l'instruction publique.

Ils reçoivent seuls un traitement.

ART. 3. — Les autres membres du Conseil sont nommés pour six ans.

Ils sont indéfiniment rééligibles.

ART. 4. — Le Conseil supérieur tient au moins quatre sessions par an.

Le ministre peut le convoquer en session extraordinaire toutes les fois qu'il le juge convenable.

ART. 5. — Le Conseil supérieur peut être appelé à donner son avis sur les projets de loi, de règlements et de décrets relatifs à l'enseignement, et, en général, sur toutes les questions qui lui seront soumises par le ministre.

Il est nécessairement appelé à donner son avis :

Sur les règlements relatifs aux examens, aux concours et aux programmes d'études dans les écoles publiques, à la surveillance des écoles libres, et, en général, sur tous les arrêtés portant règlement pour les établissements d'instruction publique;

Sur la création des facultés, lycées et collèges;

Sur les secours et encouragements à accorder aux établissements libres d'instruction secondaire;

Sur les livres qui peuvent être introduits dans les écoles publiques, et sur ceux qui doivent être défendus dans les écoles libres, comme contraires à la morale, à la Constitution et aux lois.

Il prononce en dernier ressort sur les jugements rendus par les Conseils académiques dans les cas déterminés par l'article 14[1].

Le Conseil présente, chaque année, au ministre un rapport sur l'état général de l'enseignement, sur les abus qui pourraient s'introduire dans les établissements d'instruction, et sur les moyens d'y remédier.

ART. 6. — La section permanente est chargée de l'examen préparatoire des questions qui se rapportent à la police, à la comptabilité et à l'administration des écoles publiques.

1. Voir cet article, page v.

1.

Elle donne son avis, toutes les fois qu'il lui est demandé par le ministre, sur les questions relatives aux droits et à l'avancement des membres du corps enseignant.

Elle présente annuellement au Conseil un rapport sur l'état de l'enseignement dans les écoles publiques.

CHAPITRE II. Des Conseils académiques.

ART. 7. — Il sera établi une académie dans chaque département.

ART. 8. — Chaque académie est administrée par un recteur, assisté, si le ministre le juge nécessaire, d'un ou de plusieurs inspecteurs, et par un Conseil académique.

ART. 9. — Les recteurs ne sont pas choisis exclusivement parmi les membres de l'enseignement public.

Ils doivent avoir le grade de licencié, ou dix années d'exercice comme inspecteurs d'académie, proviseurs, censeurs, chefs ou professeurs des classes supérieures dans un établissement public ou libre.

ART. 10. — Le Conseil académique est composé ainsi qu'il suit :

Le recteur, président ;

Un inspecteur d'académie, un fonctionnaire de l'enseignement ou un inspecteur des écoles primaires, désigné par le ministre ;

Le préfet ou son délégué ;

L'évêque ou son délégué ;

Un ecclésiastique désigné par l'évêque ;

Un ministre de l'une des deux Églises protestantes, désigné par le ministre de l'instruction publique, dans les départements où il existe une Église légalement établie ;

Un délégué du consistoire israélite dans chacun des départements où il existe un consistoire légalement établi ;

Le procureur général près la cour d'appel, dans les villes où siège une cour d'appel, et dans les autres, le procureur de la République près le tribunal de première instance ;

Un membre de la cour d'appel, élu par elle, ou, à défaut de cour d'appel, un membre du tribunal de première instance, élu par le tribunal ;

Quatre membres élus par le Conseil général, dont deux au moins pris dans son sein.

Les doyens des facultés seront, en outre, appelés dans le Conseil académique, avec voix délibérative, pour les affaires intéressant leurs facultés respectives.

La présence de la moitié plus un des membres est nécessaire pour la validité des délibérations du Conseil académique.

ART. 11. — Pour le département de la Seine, le Conseil académique est composé comme il suit :

Le recteur, président ;

Le préfet ;

L'archevêque de Paris ou son délégué ;

Trois ecclésiastiques, désignés par l'archevêque ;

Un ministre de l'Église réformée, élu par le consistoire ;

Un ministre de l'Église de la confession d'Augsbourg, élu par le consistoire ;

Un membre du consistoire israélite, élu par le consistoire ;

Trois inspecteurs d'académie, désignés par le ministre ;

Un inspecteur des écoles primaires, désigné par le ministre ;

Le procureur général près la cour d'appel, ou un membre du parquet désigné par lui ;

Un membre de la cour d'appel, élu par la cour ;

Un membre du tribunal de première instance, élu par le tribunal ;

Quatre membres du Conseil municipal de Paris, et deux membres du Conseil général de la Seine, pris parmi ceux des arrondissements de Sceaux et de Saint-Denis, tous élus par le Conseil général ;

Le secrétaire général de la préfecture du département de la Seine.

Les doyens des facultés seront, en outre, appelés dans le Conseil académique, avec voix délibérative, pour les affaires intéressant leurs facultés respectives.

ART. 12. — Les membres des Conseils académiques dont la nomination est faite par élection sont élus pour trois ans, et indéfiniment rééligibles.

ART. 13. — Les départements fourniront un local pour le service de l'administration académique.

ART. 14. — Le Conseil académique donne son avis :

Sur l'état des différentes écoles établies dans le département;

Sur les réformes à introduire dans l'enseignement, la discipline et l'administration des écoles publiques ;

Sur les budgets et les comptes administratifs des lycées, collèges et écoles normales primaires ;

Sur les secours et encouragements à accorder aux écoles primaires.

Il instruit les affaires disciplinaires, relatives aux membres de l'enseignement public secondaire ou supérieur, qui lui sont renvoyées par le ministre ou le recteur.

Il prononce, sauf recours au Conseil supérieur : sur les affaires contentieuses relatives à l'obtention des grades, aux concours devant les facultés, à l'ouverture des écoles libres, aux droits des maîtres particuliers et à l'exercice du droit d'enseigner; sur les poursuites dirigées contre les membres de l'instruction secondaire publique et tendant à la révocation, avec interdiction d'exercer la profession d'instituteur libre, de chef ou professeur d'établissement libre, et, dans les cas déterminés par la présente loi, sur les affaires disciplinaires relatives aux instituteurs primaires, publics ou libres.

ART. 15. — Le Conseil académique est nécessairement consulté sur les règlements relatifs au régime intérieur des lycées, collèges et écoles normales primaires, et sur les règlements relatifs aux écoles publiques primaires.

Il fixe le taux de la rétribution scolaire, sur l'avis des Conseils municipaux et des délégués cantonaux.

Il détermine les cas où les communes peuvent, à raison des circonstances, et provisoirement, établir ou conserver des

écoles primaires dans lesquelles seront admis des enfants de
l'un et l'autre sexe, ou des enfants appartenant aux différents
cultes reconnus.

Il donne son avis au recteur sur les récompenses à accorder
aux instituteurs primaires.

Le recteur fait les propositions au ministre et distribue les
récompenses accordées.

ART. 16. — Le Conseil académique présente chaque année
au ministre et au Conseil général un exposé de la situation de
l'enseignement dans le département.

Les rapports du Conseil académique sont envoyés par le
recteur au ministre, qui les communique au Conseil supérieur.

CHAPITRE III. Des écoles et de l'inspection

SECTION Ire. Des écoles.

ART. 17. — La loi reconnaît deux espèces d'écoles primaires
ou secondaires :

1° Les écoles fondées ou entretenues par les communes, les
départements ou l'État, et qui prennent le nom d'*écoles publiques;*

2° Les écoles fondées et entretenues par des particuliers ou
des associations, et qui prennent le nom d'*écoles libres.*

SECTION II. De l'inspection.

ART. 18. — L'inspection des établissements d'instruction
publique ou libre est exercée :

1° Par les inspecteurs généraux et supérieurs ;

2° Par les recteurs et les inspecteurs d'académie ;

3° Par les inspecteurs de l'enseignement primaire ;

4° Par les délégués cantonaux, le maire et le curé, le pasteur
ou le délégué du consistoire israélite, en ce qui concerne l'enseignement primaire.

Les ministres des différents cultes n'inspecteront que les écoles spéciales à leur culte, ou les écoles mixtes pour leurs coreligionnaires seulement.

Le recteur pourra, en cas d'empêchement, déléguer temporairement l'inspection à un membre du Conseil académique.

ART. 19. — Les inspecteurs d'académie sont choisis, par le ministre, parmi les anciens inspecteurs, les professeurs des facultés, les proviseurs et censeurs des lycées, les principaux des collèges, les chefs d'établissements secondaires libres, les professeurs des classes supérieures dans ces diverses catégories d'établissements, les agrégés des facultés et des lycées, et les inspecteurs des écoles primaires, sous la condition commune à tous du grade de licencié ou de dix ans d'exercice.

Les inspecteurs généraux et supérieurs sont choisis par le ministre, soit dans les catégories ci-dessus indiquées, soit parmi les anciens inspecteurs généraux ou inspecteurs supérieurs de l'instruction primaire, les recteurs et inspecteurs d'académie, ou parmi les membres de l'Institut.

Le ministre ne fait aucune nomination d'inspecteur général sans avoir pris l'avis du Conseil supérieur.

ART. 20. — L'inspection de l'enseignement primaire est spécialement confiée à deux inspecteurs supérieurs.

Il y a en outre, dans chaque arrondissement, un inspecteur de l'enseignement primaire, choisi par le ministre après avis du Conseil académique.

Néanmoins, sur l'avis du Conseil académique, deux arrondissements pourront être réunis pour l'inspection.

Un règlement déterminera le classement, les frais de tournée, l'avancement et les attributions des inspecteurs de l'enseignement primaire.

ART. 21. — L'inspection des écoles publiques s'exerce conformément aux règlements délibérés par le Conseil supérieur.

Celle des écoles libres porte sur la moralité, l'hygiène et la salubrité.

Elle ne peut porter sur l'enseignement que pour vérifier s'il n'est pas contraire à la morale, à la Constitution et aux lois.

Art. 22. — Tout chef d'établissement primaire ou secondaire qui refusera de se soumettre à la surveillance de l'État, telle qu'elle est prescrite par l'article précédent, sera traduit devant le tribunal correctionnel de l'arrondissement et condamné à une amende de 100 fr. à 1,000 fr.

En cas de récidive, l'amende sera de 500 fr. à 3,000 fr. Si le refus de se soumettre à la surveillance de l'État a donné lieu à deux condamnations dans l'année, la fermeture de l'établissement pourra être ordonnée par le jugement qui prononcera la seconde condamnation.

Le procès-verbal des inspecteurs constatant le refus du chef d'établissement fera foi jusqu'à inscription de faux.

TITRE II. *De l'enseignement primaire.*

CHAPITRE Ier. Dispositions générales.

Art. 23. — L'enseignement primaire comprend :
L'instruction morale et religieuse ;
La lecture ;
L'écriture ;
Les éléments de la langue française;
Le calcul et le système légal des poids et mesures.
Il peut comprendre en outre :
L'arithmétique appliquée aux opérations pratiques ;
Les éléments de l'histoire et de la géographie ;
Des notions des sciences physiques et de l'histoire naturelle, applicables aux usages de la vie;
Des instructions élémentaires sur l'agriculture, l'industrie et l'hygiène ;
L'arpentage, le nivellement, le dessin linéaire;
Le chant et la gymnastique.

Art. 24. — L'enseignement primaire est donné gratuitement à tous les enfants dont les familles sont hors d'état de le payer.

CHAPITRE II. Des instituteurs.

SECTION Ire. Des conditions d'exercice de la profession d'instituteur primaire, public ou libre.

ART. 25. — Tout Français âgé de vingt et un ans accomplis peut exercer dans toute la France la profession d'instituteur primaire, public ou libre, s'il est muni d'un brevet de capacité.

Le brevet de capacité peut être suppléé par le certificat de stage dont il est parlé à l'article 47[1], par le diplôme de bachelier, par un certificat constatant qu'on a été admis dans une des écoles spéciales de l'État, ou par le titre de ministre, non interdit ni révoqué, de l'un des cultes reconnus par l'État.

ART. 26. — Sont incapables de tenir une école publique ou libre, ou d'y être employés, les individus qui ont subi une condamnation pour crime ou pour un délit contraire à la probité ou aux mœurs, les individus privés par jugement de tout ou partie des droits mentionnés en l'article 42 du Code pénal[2], et ceux qui ont été interdits en vertu des articles 30 et 33 de la présente loi[3].

1. Voir cet article, page XVII.
. 2. *Article 42 du Code pénal.* — Les tribunaux jugeant correctionnellement pourront, dans certains cas, interdire, en tout ou en partie, l'exercice des droits civiques, civils et de famille suivants : — 1° De vote et d'élection ; — 2° D'éligibilité ; — 3° D'être appelé ou nommé aux fonctions de juré ou autres fonctions publiques, ou aux emplois de l'administration, ou d'exercer ces fonctions ou emplois ; — 4° Du port d'armes ; — 5° De vote et de suffrage dans les délibérations de famille ; — 6° D'être tuteur, curateur, si ce n'est de ses enfants, et sur l'avis seulement de la famille ; — 7° D'être expert ou employé comme témoin dans les actes ; — 8° De témoignage en justice, autrement que pour y faire de simples déclarations.
3. Voir ces articles, pages XI et XII.

SECTION II. Des conditions spéciales aux instituteurs libres.

ART. 27. — Tout instituteur qui veut ouvrir une école libre doit préalablement déclarer son intention au maire de la commune où il veut s'établir, lui désigner le local et lui donner l'indication des lieux où il a résidé et des professions qu'il a exercées pendant les dix années précédentes.

Cette déclaration doit être, en outre, adressée par le postulant au recteur de l'académie, au procureur de la République et au sous-préfet.

Elle demeurera affichée, par les soins du maire, à la porte de la mairie, pendant un mois.

ART. 28. — Le recteur, soit d'office, soit sur la plainte du procureur de la République ou du sous-préfet, peut former opposition à l'ouverture de l'école, dans l'intérêt des mœurs publiques, dans le mois qui suit la déclaration à lui faite.

Cette opposition est jugée dans un bref délai, contradictoirement et sans recours, par le Conseil académique.

Si le maire refuse d'approuver le local, il est statué à cet égard par ce Conseil.

A défaut d'opposition, l'école peut être ouverte à l'expiration du mois, sans autre formalité.

ART. 29. — Quiconque aura ouvert ou dirigé une école en contravention aux articles 25, 26 et 27[1], ou avant l'expiration du délai fixé par le dernier paragraphe de l'article 28[2] sera poursuivi devant le tribunal correctionnel du lieu du délit et condamné à une amende de 50 fr. à 400 fr.

L'école sera fermée.

En cas de récidive, le délinquant sera condamné à un emprisonnement de six jours à un mois et à une amende de 400 fr. à 1,000 fr.

1. Voir ces articles, pages IX et X.
2. Voir ci-dessus ce paragraphe.

La même peine de six jours à un mois d'emprisonnement et de 100 fr. à 1,000 fr. d'amende sera prononcée contre celui qui, dans le cas d'opposition formée à l'ouverture de son école, l'aura néanmoins ouverte avant qu'il ait été statué sur cette opposition, ou bien au mépris de la décision du Conseil académique qui aurait accueilli l'opposition.

Ne seront pas considérées comme tenant école les personnes qui, dans un but purement charitable, et sans exercer la profession d'instituteur, enseigneront à lire et à écrire aux enfants, avec l'autorisation du délégué cantonal.

Néanmoins cette autorisation pourra être retirée par le Conseil académique.

ART. 30. —Tout instituteur libre, sur la plainte du recteur ou du procureur de la République, pourra être traduit, pour cause de faute grave dans l'exercice de ses fonctions, d'inconduite ou d'immoralité, devant le Conseil académique du département, et être censuré, suspendu pour un temps qui ne pourra excéder six mois, ou interdit de l'exercice de sa profession dans la commune où il exerce.

Le Conseil académique peut même le frapper d'une interdiction absolue. Il y aura lieu à appel devant le Conseil supérieur de l'instruction publique.

Cet appel devra être interjeté dans le délai de dix jours, à compter de la notification de la décision, et ne sera pas suspensif.

SECTION III. Des instituteurs communaux.

ART. 31. — Les instituteurs communaux sont nommés par le Conseil municipal de chaque commune, et choisis, soit sur une liste d'admissibilité et d'avancement dressée par le Conseil académique du département, soit sur la présentation qui est faite par les supérieurs pour les membres des associations religieuses vouées à l'enseignement et autorisées par la loi ou reconnues comme établissements d'utilité publique.

Les consistoires jouissent du droit de présentation pour les instituteurs appartenant aux cultes non catholiques.

Si le Conseil municipal avait fait un choix non conforme à la loi, ou n'en avait fait aucun, il sera pourvu à la nomination par le Conseil académique, un mois après la mise en demeure adressée au maire par le recteur.

L'institution est donnée par le ministre de l'instruction publique.

Art. 32. — Il est interdit aux instituteurs communaux d'exercer aucune fonction administrative sans l'autorisation du Conseil académique.

Toute profession commerciale ou industrielle leur est absolument interdite.

Art. 33. — Le recteur peut, suivant les cas, réprimander, suspendre, avec ou sans privation totale ou partielle de traitement, pour un temps qui n'excédera pas six mois, ou révoquer l'instituteur communal.

L'instituteur révoqué est incapable d'exercer la profession d'instituteur, soit public, soit libre, dans la même commune.

Le Conseil académique peut, après l'avoir entendu ou dûment appelé, frapper l'instituteur communal d'une interdiction absolue, sauf appel devant le Conseil supérieur de l'instruction publique dans le délai de dix jours, à partir de la notification de la décision. Cet appel n'est pas suspensif.

En cas d'urgence, le maire peut suspendre provisoirement l'instituteur communal, à charge de rendre compte, dans les deux jours, au recteur.

Art. 34. — Le Conseil académique détermine les écoles publiques auxquelles, d'après le nombre des élèves, il doit être attaché un instituteur adjoint.

Les instituteurs adjoints peuvent n'être âgés que de dix-huit ans, et ne sont pas assujettis aux conditions de l'article 25.[1]

Ils sont nommés et révocables par l'instituteur, avec l'agrément du recteur de l'académie. Les instituteurs adjoints appartenant aux associations religieuses dont il est parlé dans l'article 31[2] sont nommés et peuvent être révoqués par les supérieurs de ces associations.

1. Voir cet article, page IX.
2. Voir cet article, page XI.

Le Conseil municipal fixe le traitement des instituteurs adjoints. Ce traitement est à la charge exclusive de la commune.

ART. 35. — Tout département est tenu de pourvoir au recrutement des instituteurs communaux, en entretenant des élèves-maîtres, soit dans les établissements d'instruction primaire désignés par le Conseil académique, soit aussi dans l'école normale établie à cet effet par le département.

Les écoles normales peuvent être supprimées par le Conseil général du département; elles peuvent l'être également par le ministre, en Conseil supérieur, sur le rapport du Conseil académique, sauf, dans les deux cas, le droit acquis aux boursiers en jouissance de leur bourse.

Le programme de l'enseignement, les conditions d'entrée et de sortie, celles qui sont relatives à la nomination du personnel, et tout ce qui concerne les écoles normales sera déterminé par un règlement délibéré en Conseil supérieur.

CHAPITRE III. Des écoles communales.

ART. 36. — Toute commune doit entretenir une ou plusieurs écoles primaires.

Le Conseil académique du département peut autoriser une commune à se réunir à une ou plusieurs communes voisines pour l'entretien d'une école.

Toute commune a la faculté d'entretenir une ou plusieurs écoles entièrement gratuites, à la condition d'y subvenir sur ses propres ressources.

Le Conseil académique peut dispenser une commune d'entretenir une école publique, à condition qu'elle pourvoira à l'enseignement primaire gratuit, dans une école libre, de tous les enfants dont les familles sont hors d'état d'y subvenir. Cette dispense peut toujours être retirée.

Dans les communes où les différents cultes reconnus sont professés publiquement, des écoles séparées seront établies pour les enfants appartenant à chacun de ces cultes, sauf ce qui est dit à l'article 45 [1].

1. Voir cet article, page v.

La commune peut, avec l'autorisation du Conseil académique, exiger que l'instituteur communal donne, en tout ou en partie, à son enseignement les développements dont il est parlé à l'article 23 [1].

ART. 37. — Toute commune doit fournir à l'instituteur un local convenable, tant pour son habitation que pour la tenue de l'école, le mobilier de classe et un traitement.

ART. 38. — A dater du 1er janvier 1851, le traitement des instituteurs communaux se composera :

1° D'un traitement fixe qui ne peut être inférieur à 200 fr.;

2° Du produit de la rétribution scolaire ;

3° D'un supplément accordé à tous ceux dont le traitement, joint au produit de la rétribution scolaire, n'atteint pas 600 fr.

Le supplément sera calculé d'après le total de la rétribution scolaire pendant l'année précédente.

ART. 39. — Une caisse de retraite sera substituée par un règlement d'administration publique aux caisses d'épargne des instituteurs.

ART. 40. — A défaut de fondations, dons ou legs, le conseil municipal délibère sur les moyens de pourvoir aux dépenses de l'enseignement primaire dans la commune.

En cas d'insuffisance des revenus ordinaires, il est pourvu à ces dépenses au moyen d'une imposition spéciale votée par le Conseil municipal, ou, à défaut du vote de ce Conseil, établie par un décret du pouvoir exécutif. Cette imposition, qui devra être autorisée chaque année par la loi de finances, ne pourra excéder trois centimes additionnels au principal des quatre contributions directes.

Lorsque des communes, soit par elles-mêmes, soit en se réunissant à d'autres communes, n'auront pu subvenir, de la manière qui vient d'être indiquée, aux dépenses de l'école communale, il y sera pourvu sur les ressources ordinaires du

[1] Voir cet article, page VIII.

département, ou, en cas d'insuffisance, au moyen d'une imposition spéciale votée par le Conseil général, ou, à défaut du vote de ce Conseil, établie par un décret. Cette imposition, autorisée chaque année par la loi de finances, ne devra pas excéder deux centimes additionnels au principal des quatre contributions directes.

Si les ressources communales et départementales ne suffisent pas, le ministre de l'instruction publique accordera une subvention sur le crédit qui sera porté annuellement pour l'enseignement primaire au budget de l'État.

Chaque année, un rapport, annexé au projet de budget, fera connaître l'emploi des fonds alloués pour l'année précédente.

ART. 41. — La rétribution scolaire est perçue dans la même forme que les contributions publiques directes; elle est exempte des droits de timbre et donne droit aux mêmes remises que les autres recouvrements.

Néanmoins, sur l'avis conforme du Conseil général, l'instituteur communal pourra être autorisé par le Conseil académique à percevoir lui-même la rétribution scolaire.

CHAPITRE IV. Des délégués cantonaux et des autres autorités préposées à l'enseignement primaire.

ART. 42. — Le Conseil académique du département désigne un ou plusieurs délégués résidant dans chaque canton, pour surveiller les écoles publiques et libres du canton, et détermine les écoles particulièrement soumises à la surveillance de chacun.

Les délégués sont nommés pour trois ans; ils sont rééligibles et révocables. Chaque délégué correspond, tant avec le Conseil académique, auquel il doit adresser ses rapports, qu'avec les autorités locales pour tout ce qui regarde l'état et les besoins de l'enseignement primaire dans sa circonscription.

Il peut, lorsqu'il n'est pas membre du Conseil académique, assister à ses séances avec voix consultative pour les affaires intéressant les écoles de sa circonscription.

Les délégués se réunissent au moins une fois tous les trois mois au chef-lieu de canton, sous la présidence de celui d'entre eux qu'ils désignent, pour convenir des avis à transmettre au Conseil académique.

ART. 43. — A Paris, les délégués nommés pour chaque arrondissement par le Conseil académique se réunissent au moins une fois tous les mois, avec le maire, un adjoint, le juge de paix, un curé de l'arrondissement et un ecclésiastique, ces deux derniers désignés par l'archevêque, pour s'entendre au sujet de la surveillance locale, et pour convenir des avis à transmettre au Conseil académique. Les ministres des cultes non catholiques reconnus, s'il y a dans l'arrondissement des écoles suivies par des enfants appartenant à ces cultes, assistent à ces réunions avec voix délibérative.

La réunion est présidée par le maire.

ART. 44. — Les autorités locales préposées à la surveillance et à la direction morale de l'enseignement primaire sont, pour chaque école, le maire, le curé, le pasteur ou le délégué du culte israélite, et dans les communes de deux mille âmes et au-dessus, un ou plusieurs habitants de la commune délégués par le Conseil académique.

Les ministres des différents cultes sont spécialement chargés de surveiller l'enseignement religieux de l'école.

L'entrée de l'école leur est toujours ouverte.

Dans les communes où il existe des écoles mixtes, un ministre de chaque culte aura toujours l'entrée de l'école pour veiller à l'éducation religieuse des enfants de son culte.

Lorsqu'il y a pour chaque culte des écoles séparées, les enfants d'un culte ne doivent être admis dans l'école d'un autre culte que sur la volonté formellement exprimée par les parents.

ART. 45. — Le maire dresse chaque année, de concert avec les ministres des différents cultes, la liste des enfants qui doivent être admis gratuitement dans les écoles publiques. Cette liste est approuvée par le Conseil municipal et définitivement arrêtée par le préfet.

ART. 46. — Chaque année, le Conseil académique nomme une commission d'examen chargée de juger publiquement, et à des époques déterminées par le recteur, l'aptitude des aspirants au brevet de capacité, quel que soit le lieu de leur domicile.

Cette commission se compose de sept membres et choisit son président.

Un inspecteur d'arrondissement pour l'instruction primaire, un ministre du culte professé par le candidat et deux membres de l'enseignement public ou libre en font nécessairement partie.

L'examen ne portera que sur les matières comprises dans la première partie de l'article 23 [1].

Les candidats qui voudront être examinés sur tout ou partie des autres matières spécifiées dans le même article en feront la demande à la commission. Les brevets délivrés feront mention des matières spéciales sur lesquelles les candidats auront répondu d'une manière satisfaisante.

ART. 47. — Le Conseil académique délivre, s'il y a lieu, des certificats de stage aux personnes qui justifient avoir enseigné pendant trois ans au moins les matières comprises dans la première partie de l'article 23 [2], dans les écoles publiques ou libres autorisées à recevoir des stagiaires.

Les élèves-maîtres sont, pendant la durée de leur stage, spécialement surveillés par les inspecteurs de l'enseignement primaire.

CHAPITRE V. Des écoles de filles.

ART. 48. — L'enseignement primaire dans les écoles de filles comprend, outre les matières de l'enseignement primaire énoncées dans l'article 23 [3], les travaux à l'aiguille.

ART. 49. — Les lettres d'obédience tiendront lieu de brevet

---

1. Voir cet article, page VIII.
2.   *Ibid.*
3.   *Ibid.*

de capacité aux institutrices appartenant. à des congrégations
religieuses vouées à l'enseignement et reconnues par l'État.

L'examen des institutrices n'aura pas lieu publiquement.

ART. 50. — Tout ce qui se rapporte à l'examen des institutrices, à la surveillance et à l'inspection des écoles de filles,
sera l'objet d'un règlement délibéré en Conseil supérieur. Les
autres dispositions de la présente loi relatives aux écoles et aux
instituteurs sont applicables aux écoles de filles et aux institutrices, à l'exception des articles 38, 39, 40 et 41 [1].

ART. 51. — Toute commune de huit cents âmes de population et au-dessus est tenue, si ses propres ressources lui en
fournissent les moyens, d'avoir au moins une école de filles,
sauf ce qui est dit à l'article 15 [2].

Le Conseil académique peut, en outre, obliger les communes
d'une population inférieure à entretenir, si leurs ressources ordinaires le leur permettent, une école de filles; et, en cas de
réunion de plusieurs communes pour l'enseignement primaire,
il pourra, selon les circonstances, décider que l'école de garçons et l'école de filles seront dans deux communes différentes.
Il prend l'avis du Conseil municipal.

ART. 52. — Aucune école primaire, publique ou libre, ne
peut, sans l'autorisation du Conseil académique, recevoir d'enfants des deux sexes, s'il existe dans la commune une école
publique ou libre de filles.

CHAPITRE VI. Institutions complémentaires.

SECTION Ire. Des pensionnats primaires.

ART. 53. — Tout Français âgé de vingt-cinq ans, ayant au
moins cinq années d'exercice comme instituteur ou comme
maître dans un pensionnat primaire, et remplissant les condi-

1. Voir ces articles, pages XIV et XV.
2. Voir cet article, page V.

2.

tions énumérées en l'article 25[1], peut ouvrir un pensionnat primaire, après avoir déclaré son intention au recteur de l'académie et au maire de la commune. Toutefois, les instituteurs communaux ne pourront ouvrir de pensionnat qu'avec l'autorisation du Conseil académique, sur l'avis du Conseil municipal.

Le programme de l'enseignement et le plan du local doivent être adressés au maire et au recteur.

Le Conseil académique prescrira, dans l'intérêt de la moralité et de la santé des élèves, toutes les mesures qui seront indiquées dans un règlement délibéré par le Conseil supérieur.

Les pensionnats primaires sont soumis aux prescriptions des articles 26, 27, 28, 29 et 30 de la présente loi[2], et à la surveillance des autorités qu'elle institue.

Ces dispositions sont applicables aux pensionnats de filles, en tout ce qui n'est pas contraire aux conditions prescrites par le chapitre V de la présente loi[3].

SECTION II. Des écoles d'adultes et d'apprentis.

ART. 54. — Il peut être créé des écoles primaires communales pour les adultes au-dessus de dix-huit ans, pour les apprentis au-dessus de douze ans.

Le Conseil académique désigne les instituteurs chargés de diriger les écoles communales d'adultes et d'apprentis.

Il ne peut être reçu dans ces écoles d'élèves des deux sexes.

ART. 55. — Les articles 27, 28, 29 et 30[4] sont applicables aux instituteurs libres qui veulent ouvrir des écoles d'adultes ou d'apprentis.

ART. 56. — Il sera ouvert chaque année, au budget du ministre de l'instruction publique, un crédit pour encourager les auteurs de livres ou de méthodes utiles à l'instruction primaire et à la fondation d'institutions telles que :

1. Voir cet article, page IX.
2. Voir ces articles, pages IX, X et XI.
3. Voir ce chapitre, page XVII.
4. Voir ces articles, pages X et XI.

Les écoles du dimanche;

Les écoles dans les ateliers et les manufactures;

Les classes dans les hôpitaux;

Les cours publics ouverts conformément à l'article 77 [1];

Les bibliothèques de livres utiles;

Et autres institutions dont les statuts auront été soumis à l'examen de l'autorité compétente.

Section III. Des salles d'asile.

Art. 57. — Les salles d'asile sont publiques ou libres.

Un décret du Président de la République, rendu sur l'avis du Conseil supérieur, déterminera tout ce qui se rapporte à la surveillance et à l'inspection de ces établissements, ainsi qu'aux conditions d'âge, d'aptitude, de moralité, des personnes qui seront chargées de la direction et du service dans les salles d'asile publiques.

Les infractions à ce décret seront punies des peines établies par les articles 29, 30 et 33 [2] de la présente loi.

Ce décret déterminera également le programme de l'enseignement et des exercices dans les salles d'asile publiques, et tout ce qui se rapporte au traitement des personnes qui y seront chargées de la direction ou du service.

Art. 58. — Les personnes chargées de la direction des salles d'asile publiques seront nommées par le Conseil municipal, sauf l'approbation du Conseil académique.

Art. 59. — Les salles d'asile libres peuvent recevoir des secours sur les budgets des communes, des départements et de l'État.

1. Voir cet article, page xxvii.
2. Voir ces articles, pages x, xi et ii.

TITRE III. *De l'instruction secondaire.*

CHAPITRE Ier. Des établissements particuliers d'instruction secondaire.

ART. 60. — Tout Français âgé de vingt-cinq ans au moins, et n'ayant encouru aucune des incapacités comprises dans l'article 26 de la présente loi [1], peut former un établissement d'instruction secondaire, sous la condition de faire au recteur de l'académie où il se propose de s'établir les déclarations prescrites par l'article 27 [2], et en outre de déposer entre ses mains les pièces suivantes, dont il lui sera donné récépissé :

1º Un certificat de stage constatant qu'il a rempli, pendant cinq ans au moins, les fonctions de professeur ou de surveillant dans un établissement d'instruction secondaire public ou libre ;

2º Soit le diplôme de bachelier, soit un brevet de capacité délivré par un jury d'examen dans la forme déterminée par l'article 62 [3] ;

3º Le plan du local et l'indication de l'objet de l'enseignement.

Le recteur à qui le dépôt des pièces aura été fait en donnera avis au préfet du département et au procureur de la République de l'arrondissement dans lequel l'établissement devra être fondé.

Le ministre, sur la proposition des Conseils académiques et l'avis conforme du Conseil supérieur, peut accorder des dispenses de stage.

ART. 61. — Les certificats de stage sont délivrés par le Conseil académique, sur l'attestation des chefs des établissements où le stage aura été accompli.

Toute attestation fausse sera punie des peines portées en l'article 160 [4] du Code pénal.

---

1. Voir cet article, page IX.
2. Voir cet article, page X.
3. Voir cet article, page XXII.
4. *Article 160 du Code pénal.* (Ainsi remplacé, *Loi du 13 mai 1863*). Tout médecin, chirurgien ou autre officier de santé qui, pour favoriser

ART. 62. — Tous les ans, le ministre nomme, sur la présentation du Conseil académique, un jury chargé d'examiner les aspirants au brevet de capacité. Ce jury est composé de sept membres, y compris le recteur, qui le préside.

Un ministre du culte professé par le candidat et pris dans le Conseil académique, s'il n'y en a déjà un dans le jury, sera appelé avec voix délibérative.

Le ministre, sur l'avis du Conseil supérieur de l'instruction publique, instituera des jurys spéciaux pour l'enseignement professionnel.

Les programmes d'examen seront arrêtés par le Conseil supérieur.

Nul ne pourra être admis à subir l'examen de capacité avant l'âge de vingt-cinq ans.

ART. 63. — Aucun certificat d'études ne sera exigé des aspirants au diplôme de bachelier ou au brevet de capacité.

Le candidat peut choisir la faculté ou le jury académique devant lequel il subira son examen.

Un candidat refusé ne peut se présenter avant trois mois à un nouvel examen, sous peine de nullité du diplôme ou brevet indûment obtenu.

ART. 64. — Pendant le mois qui suit le dépôt des pièces requises par l'article 60 [1], le recteur, le préfet et le procureur de la République peuvent se pourvoir devant le Conseil académique et s'opposer à l'ouverture de l'établissement, dans l'intérêt des mœurs publiques ou de la santé des élèves.

quelqu'un, certifiera faussement des maladies ou infirmités propres à dispenser d'un service public, sera puni d'un emprisonnement d'une année au moins et de trois ans au plus. — S'il y a été mû par dons ou promesses, la peine de l'emprisonnement sera d'une année au moins et de quatre ans au plus. — Dans les deux cas, le coupable pourra en outre être privé des droits mentionnés en l'article 42 du présent Code [*] pendant cinq ans au moins et dix ans au plus, à compter du jour où il aura subi sa peine. — Dans le deuxième cas, les corrupteurs seront punis des mêmes peines que le médecin, chirurgien ou officier de santé qui aura délivré le faux certificat.

1. Voir cet article, page XXI.

* Voir le texte de cet article, page IX, note 2.

Après ce délai, s'il n'est intervenu aucune opposition, l'établissement peut être immédiatement ouvert.

En cas d'opposition, le Conseil académique prononce, la partie entendue ou dûment appelée, sauf appel devant le Conseil supérieur de l'instruction publique.

Art. 65. — Est incapable de tenir un établissement public ou libre d'instruction secondaire, ou d'y être employé, quiconque est atteint de l'une des incapacités déterminées par l'article 26 de la présente loi[1], ou qui, ayant appartenu à l'enseignement public, a été révoqué avec interdiction, conformément à l'article 14[2].

Art. 66. — Quiconque, sans avoir satisfait aux conditions prescrites par la présente loi, aura ouvert un établissement d'instruction secondaire, sera poursuivi devant le tribunal correctionnel du lieu du délit et condamné à une amende de 100 fr. à 1,000 fr. L'établissement sera fermé.

En cas de récidive, ou si l'établissement a été ouvert avant qu'il ait été statué sur l'opposition, ou contrairement à la décision du Conseil académique qui l'aurait accueillie, le délinquant sera condamné à un emprisonnement de quinze jours à un mois et à une amende de 1,000 à 3,000 fr.

Les ministres des différents cultes reconnus peuvent donner l'instruction secondaire à quatre jeunes gens au plus, destinés aux écoles ecclésiastiques, sans être soumis aux prescriptions de la présente loi, à la condition d'en faire la déclaration au recteur. Le Conseil académique veille à ce que ce nombre ne soit pas dépassé.

Art. 67. — En cas de désordre grave dans le régime intérieur d'un établissement libre d'instruction secondaire, le chef de cet établissement peut être appelé devant le Conseil académique et soumis à la réprimande avec ou sans publicité.

La réprimande ne donne lieu à aucun recours.

1. Voir cet article, page IX.
2. Voir cet article, page V.

ART. 68. — Tout chef d'établissement libre d'instruction secondaire, toute personne attachée à l'enseignement ou à la surveillance d'une maison d'éducation, peut, sur la plainte du
ministère public ou du recteur, être traduit, pour cause d'inconduite ou d'immoralité, devant le Conseil académique, et être
interdit de sa profession, à temps ou à toujours, sans préjudice
des peines encourues pour crimes ou délits prévus par le Code
pénal.

Appel de la décision rendue peut toujours avoir lieu, dans les
quinze jours de la notification, devant le Conseil supérieur.

L'appel ne sera pas suspensif.

ART. 69 — Les établissements libres peuvent obtenir des
communes, des départements ou de l'État un local et une subvention, sans que cette subvention puisse excéder le dixième
des dépenses annuelles de l'établissement.

Les Conseils académiques sont appelés à donner leur avis
préalable sur l'opportunité de cette subvention.

Sur la demande des communes, les bâtiments compris dans
l'attribution générale faite à l'Université par le décret du 10 décembre 1808¹ pourront être affectés à ces établissements par
décret du pouvoir exécutif.

ART. 70. — Les écoles secondaires ecclésiastiques actuelle-

1. *Décret du 10 décembre 1808.* — ARTICLE 1ᵉʳ. Tous les biens
meubles, immeubles et rentes ayant appartenu au ci-devant Prytanée
français, aux Universités, Académies et Collèges tant de l'ancien que
du nouveau territoire de l'Empire, qui ne sont point aliénés, ou qui ne
sont point définitivement affectés par un décret spécial à un autre service public, sont donnés à l'Université impériale.
ART. 2. Dans tous les chefs-lieux des anciennes Universités où
il existerait encore des biens suffisants pour la fondation et l'entretien
d'un Lycée ou d'un Collège, l'Université impériale entretiendra un de
ces deux établissements, et des bourses y seront données par nous,
suivant la destination des fondateurs, et, de préférence, aux familles
de ceux-ci, sans déroger toutefois aux dispositions particulières, prises
par nos précédents décrets. pour les Universités de Gênes, Turin, Ge-
nève et autres.
Ces Universités prendront seulement le nom d'Académie.

ment existantes sont maintenues, sous la seule condition de rester soumises à la surveillance de l'État.

Il ne pourra en être établi de nouvelles sans l'autorisation du gouvernement.

CHAPITRE II. Des établissements publics d'instruction secondaire.

ART. 71. — Les établissements publics d'instruction secondaire sont les lycées et les collèges communaux.

Il peut y être annexé des pensionnats.

ART. 72. — Les lycées sont fondés et entretenus par l'État, avec le concours des départements et des villes.

Les collèges communaux sont fondés et entretenus par les communes.

Ils peuvent être subventionnés par l'État.

ART. 73. — Toute ville dont le collège communal sera, sur la demande du Conseil municipal, érigé en lycée, devra faire les dépenses de construction et d'appropriation requises à cet effet, fournir le mobilier et les collections nécessaires à l'enseignement, assurer l'entretien et la réparation des bâtiments.

Les villes qui voudront établir un pensionnat près du lycée devront fournir le local et le mobilier nécessaires, et fonder pour dix ans, avec ou sans le concours du département, un nombre de bourses fixé de gré à gré avec le ministre. A l'expiration des dix ans, les villes et les départements seront libres de supprimer les bourses, sauf le droit acquis aux boursiers en jouissance de leur bourse.

Dans le cas où l'État voudrait conserver le pensionnat, le local et le mobilier resteront à sa disposition, et ne feront retour à la commune que lors de la suppression de cet établissement.

ART. 74. — Pour établir un collège communal, toute ville doit satisfaire aux conditions suivantes : fournir un local ap-

proprié à cet usage et en assurer l'entretien; placer et entretenir dans ce local le mobilier nécessaire à la tenue des cours,
et à celle du pensionnat si l'établissement doit recevoir des
élèves internes; garantir, pour cinq ans au moins, le traitement fixe du principal et des professeurs, lequel sera considéré
comme dépense obligatoire pour la commune, en cas d'insuffisance des revenus propres du collège, de la rétribution collé-
giale payée par les externes et des produits du pensionnat.

Dans le délai de deux ans, les villes qui ont fondé des collèges communaux en dehors de ces conditions devront y avoir
satisfait.

ART. 75. — L'objet et l'étendue de l'enseignement dans
chaque collège communal seront déterminés, eu égard aux besoins de la localité, par le ministre de l'instruction publique,
en Conseil supérieur, sur la proposition du Conseil municipal
et l'avis du Conseil académique.

ART. 76. — Le ministre prononce disciplinairement contre
les membres de l'enseignement secondaire public, suivant la
gravité des cas :

1° La réprimande devant le Conseil académique ;

2° La censure devant le Conseil supérieur ;

3° La mutation pour un emploi inférieur ;

4° La suspension des fonctions, pour une année au plus, avec
ou sans privation totale ou partielle du traitement ;

5° Le retrait d'emploi, après avoir pris l'avis du Conseil supérieur ou de la section permanente.

Le ministre peut prononcer les mêmes peines, à l'exception
de la mutation pour un emploi inférieur, contre les professeurs
de l'enseignement supérieur.

Le retrait d'emploi ne peut être prononcé contre eux que sur
l'avis conforme du Conseil supérieur.

La révocation aura lieu dans les formes prévues par l'article 44 [1].

1. Voir cet article, page v.

TITRE IV. *Dispositions générales.*

ART. 77. — Les dispositions de la présente loi concernant
les écoles primaires ou secondaires sont applicables aux cours
publics sur les matières de l'enseignement primaire ou secondaire.

Les Conseils académiques peuvent. selon les degrés de l'enseignement, dispenser ces cours de l'application des dispositions qui précèdent, et spécialement de l'application du dernier
paragraphe de l'article 54[1].

ART. 78. — Les étrangers peuvent être autorisés à ouvrir ou
diriger des établissements d'instruction primaire ou secondaire,
aux conditions déterminées par un règlement délibéré en Conseil supérieur.

ART. 79. — Les instituteurs adjoints des écoles publiques,
les jeunes gens qui se préparent à l'enseignement primaire public dans les écoles désignées à cet effet, les membres ou novices
des associations religieuses vouées à l'enseignement et autorisées par la loi ou reconnues comme établissements d'utilité publique, les élèves de l'École normale supérieure, les maîtres
d'études, régents et professeurs des collèges et lycées, sont dispensés du service militaire, s'ils ont, avant l'époque fixée pour
le tirage, contracté devant le recteur l'engagement de se vouer
pendant dix ans à l'enseignement public, et s'ils réalisent cet
engagement.

ART. 80.—L'article 463 du Code pénal[2] pourra être appliqué
aux délits prévus par la présente loi.

1. Voir cet article, page XIX.
2. *Article 463 du Code pénal.* « (Ainsi remplacé, *Loi du 13 mai 1863.*)
— Les peines prononcées par la loi contre celui ou ceux des accusés
reconnus coupables, en faveur de qui le jury aura déclaré les circonstances atténuantes, seront modifiées ainsi qu'il suit : — Si la peine
prononcée par la loi est la mort, la cour appliquera la peine des travaux forcés à perpétuité ou celle des travaux forcés à temps. — Si
la peine est celle des travaux forcés à perpétuité, la cour appliquera
la peine des travaux forcés à temps ou celle de la reclusion. — Si la
peine est celle de la déportation dans une enceinte fortifiée, la cour

Art. 81. — Un règlement d'administration publique déterminera les dispositions de la présente loi qui seront applicables à l'Algérie.

Art. 82. — Sont abrogées toutes les dispositions des lois, décrets ou ordonnances contraires à la présente loi.

Dispositions transitoires.

Art. 83. — Les chefs ou directeurs d'établissements d'instruction secondaire ou primaire libres, maintenant en exercice, continueront d'exercer leur profession, sans être soumis aux prescriptions des articles 53 et 60 [1].

Ceux qui en ont interrompu l'exercice pourront le reprendre, sans être soumis à la condition du stage.

appliquera celle de la déportation simple ou celle de la détention ; mais, dans les cas prévus par les articles 96 et 97, la peine de la déportation simple sera seule appliquée. — Si la peine est celle de la déportation, la cour appliquera la peine de la détention ou celle du bannissement. — Si la peine est celle des travaux forcés à temps, la cour appliquera la peine de la réclusion ou les dispositions de l'article 401, sans toutefois pouvoir réduire la durée de l'emprisonnement au-dessous de deux ans. — Si la peine est celle de la réclusion, de la détention, du bannissement ou de la dégradation civique, la cour appliquera les dispositions de l'article 401, sans toutefois pouvoir réduire la durée de l'emprisonnement au-dessous d'un an. — Dans le cas où le Code prononce le maximum d'une peine afflictive, s'il existe des circonstances atténuantes, la cour appliquera le minimum de la peine ou même la peine inférieure. — (*Décret du 27 novembre 1870*). Dans tous les cas où la peine de l'emprisonnement et celle de l'amende sont prononcées par le Code pénal, si les circonstances paraissent atténuantes, les tribunaux correctionnels sont autorisés, même en cas de récidive, à réduire l'emprisonnement même au-dessous de six jours et l'amende même au-dessous de seize francs. Ils pourront aussi prononcer séparément l'une ou l'autre de ces peines, et même substituer l'amende à l'emprisonnement, sans qu'en aucun cas elle puisse être au-dessous des peines de simple police.

1. Voir ces articles, pages XVIII et XXI.

Le temps passé par les professeurs et les surveillants dans ces établissements leur sera compté pour l'accomplissement du stage prescrit par ledit article.

ART. 84. — La présente loi ne sera exécutoire qu'à dater du 1er septembre 1850.

Les autorités actuelles continueront d'exercer leurs fonctions jusqu'à cette époque.

Néanmoins le Conseil supérieur pourra être constitué, et il pourra être convoqué par le ministre avant le 1er septembre 1850, et, dans ce cas, les articles 1, 2, 3, 4, l'article 51, à l'exception de l'avant-dernier paragraphe, les articles 6 et 76 de la présente loi deviendront immédiatement applicables[2].

La loi du 11 janvier 1850 est prorogée jusqu'au 1er septembre 1850[3].

Dans le cas où le Conseil supérieur aurait été constitué avant cette époque, l'appel des instituteurs révoqués sera jugé par le ministre de l'instruction publique, en section permanente du Conseil supérieur.

ART. 85. — Jusqu'à la promulgation de la loi sur l'enseignement supérieur, le Conseil supérieur de l'instruction publique et sa section permanente, selon leur compétence respective, exerceront, à l'égard de cet enseignement, les attributions qui appartenaient au Conseil de l'Université, et les nouveaux Conseils académiques, les attributions qui appartenaient aux anciens.

(M. E. DE PARIEU, ministre.)

1. Voir ces articles, pages I et II.
2. Voir ces articles, pages II et XXVI.
3. La loi du 11 janvier 1850 était relative aux instituteurs communaux.

Décret du 29 juillet 1850, relatif aux autorités préposées à l'enseignement.

CHAPITRE Ier. *Du Conseil supérieur de l'instruction publique.*

ARTICLE 1er. — En l'absence du ministre de l'instruction publique, le Conseil supérieur est présidé par un vice-président nommé, chaque année, par le Président de la République, et choisi parmi les membres de ce Conseil.

ART. 2. — Le Président de la République désigne également, chaque année, un secrétaire choisi parmi les membres du Conseil.

ART. 3. — Le Conseil supérieur tient une session ordinaire par trimestre.

Il est convoqué par arrêté du ministre.

La durée de chacune des sessions, soit ordinaire, soit extra-ordinaire, est fixée par l'arrêté de convocation. Elle peut être prolongée par un arrêté ultérieur.

ART. 4. — Des commissaires peuvent être chargés par le ministre de l'assister dans la discussion des projets de loi, de règlement d'administration publique, de décrets et arrêtés portant règlement permanent, qu'il renvoie à l'examen du Conseil supérieur.

Le Conseil peut aussi appeler dans son sein les personnes dont l'expérience lui semble devoir être utilement consultée, tant pour la discussion de ces projets que pour ce qui concerne l'état général de l'enseignement.

Il ne peut user de cette faculté à l'égard des fonctionnaires publics que de l'agrément du ministre du département auquel ils appartiennent.

ART. 5. — La section permanente est présidée par un de ses membres, désigné chaque année par le ministre.

Art. 6. — Les fonctions de membre de la section permanente sont incompatibles avec toute autre fonction administrative rétribuée.

Art. 7. — Dans les affaires soumises au Conseil supérieur, le rapporteur est nommé par le ministre, ou, sur sa délégation, par le vice-président du Conseil supérieur.

Art. 8. — En matière contentieuse ou disciplinaire, les affaires sont inscrites au secrétariat du Conseil supérieur, d'après l'ordre de leur arrivée, sur un registre à ce destiné.

Elles sont jugées suivant l'ordre de leur inscription et dans la plus prochaine session.

Les rapports sont faits par écrit ; ils sont déposés au secrétariat par les rapporteurs, la veille du jour fixé pour la délibération, avec le projet de décision et le dossier, pour être tenus à la disposition de chacun des membres du Conseil.

En matière disciplinaire, le rapporteur est tenu d'entendre l'inculpé dans ses explications, s'il est présent, et s'il le demande. L'inculpé a également le droit d'être entendu par le Conseil.

Art. 9. — La présence de la moitié plus un des membres est nécessaire pour la validité des délibérations du Conseil supérieur.

En cas de partage, si la matière n'est ni contentieuse ni disciplinaire, la voix du président est prépondérante. Si la matière est contentieuse, il en sera délibéré de nouveau, et les membres qui n'auraient pas assisté à la délibération seront spécialement convoqués. S'il y a, de nouveau, partage dans la deuxième délibération, il sera vidé par la voix prépondérante du président. Si la matière est disciplinaire, l'avis favorable à l'inculpé prévaut.

Art. 10. — Les délibérations du Conseil supérieur sont signées par le président et le secrétaire.

Le secrétaire a seul qualité pour en délivrer des ampliations certifiées conformes aux procès-verbaux.

A moins d'une autorisation du ministre, il ne peut être donné communication des procès-verbaux qu'aux membres du Conseil supérieur.

. Art. 11. — Les décrets ou arrêtés qui interviennent sur l'avis du Conseil supérieur portent la mention : *Le Conseil supérieur de l'instruction publique entendu.*

Les avis du Conseil supérieur ne peuvent être publiés qu'avec l'autorisation du ministre.

Art. 12. — En matière contentieuse ou disciplinaire, les décisions du Conseil sont notifiées par le ministre.

Les parties ont toujours le droit d'en obtenir expédition.

Art. 13. — Un règlement délibéré en Conseil supérieur déterminera l'ordre intérieur des travaux du Conseil.

Un règlement, préparé par la section permanente et arrêté par le ministre, déterminera l'ordre intérieur des travaux de cette section.

CHAPITRE II. *De l'administration académique.*

§ 1er. Du local affecté à l'administration académique.

Art. 14. — Le local que les départements doivent fournir pour le service de l'administration académique, d'après l'article 13 de la loi organique du 15 mars 1850 [1], comprend au moins, avec le mobilier nécessaire au service :

Un cabinet pour le recteur ;

Une salle des délibérations pour le Conseil académique et pour les examens des candidats au brevet de capacité ;

Un cabinet pour le secrétaire de l'académie ;

Une pièce pour les commis de l'académie et pour les archives.

§ 2. Des recteurs.

Art. 15. — Les fonctions de recteur sont incompatibles avec tout autre emploi public salarié.

Art. 16. — Les recteurs sont nommés par le Président de la République.

1. Voir l'article 13 de la loi du 15 mars 1850, page v.

Ils sont partagés en classes, dont le nombre est déterminé par décret du Président de la République.

Les traitements varient suivant les classes.

La classe est attachée à la personne, et non à la résidence.

§ 3. Des Conseils académiques.

ART. 17. — Sur l'invitation du ministre de l'instruction publique, les cours et tribunaux, les Conseils généraux et les consistoires israélites procèdent à la nomination des membres qu'ils sont appelés à élire dans les Conseils académiques.

Lorsqu'il y a lieu de pourvoir à des nominations nouvelles, les cours et tribunaux et les consistoires israélites, sur l'avis donné par le recteur, procèdent immédiatement au remplacement des membres pris dans leur sein ; les Conseils généraux pourvoient, dans leur plus prochaine session, au remplacement des membres dont la nomination leur appartient.

Les élections sont faites au scrutin secret et à la majorité absolue.

Le président de la cour ou du tribunal, celui du consistoire et le préfet, selon les cas, adressent le procès-verbal de chaque élection au recteur, qui le communique au Conseil académique, lors de sa première réunion.

Il est transcrit sur le registre des délibérations du Conseil.

ART. 18. — Les membres délégués, en exécution de l'article 10 de la loi organique[1], ne peuvent exercer leur délégation qu'en vertu d'une décision spéciale.

Le ministre de l'instruction publique et l'évêque adressent au recteur les décisions par lesquelles ils ont fait choix des membres dont la désignation leur appartient.

Ces décisions sont communiquées au Conseil académique et sont transcrites sur le registre des délibérations de ce Conseil.

ART. 19. — Lorsque deux archevêqués ou évêques ont leur

1. Voir l'article 10 de la loi du 15 mars 1850, page III.

siège dans le même département, tous deux font partie du Conseil académique. Dans ce cas, il n'y a pas lieu à la désignation prévue par le sixième alinéa de l'article 10 de la loi organique[1].

ART. 20. — En l'absence du recteur, le Conseil académique est présidé par le préfet.

Le secrétaire du Conseil académique est choisi, chaque année, par le ministre, parmi les membres dudit Conseil.

A moins d'une autorisation du recteur, les procès-verbaux du Conseil académique ne peuvent être communiqués qu'aux membres du Conseil.

ART. 21. — Les Conseils académiques se réunissent au moins deux fois par an. Ils peuvent être convoqués extraordinairement. Le jour de la réunion est fixé par le président.

ART. 22. — Les Conseils académiques ne peuvent délibérer sur les affaires intéressant une faculté qu'autant que le doyen de cette faculté a été expressément convoqué par le président.

ART. 23. — En cas de partage, lorsque la matière n'est ni contentieuse ni disciplinaire, la voix du président est prépondérante.

Dans les matières contentieuses et disciplinaires, il est procédé, par le Conseil académique, conformément à l'article 9[2].

ART. 24. — Lorsque l'instruction d'une affaire disciplinaire est renvoyée au Conseil académique en vertu du sixième paragraphe de l'article 14 de la loi organique[3], le Conseil désigne un rapporteur, qui recueille les renseignements et les témoignages, appelle l'inculpé, l'entend, s'il se présente, et fait son rapport au jour le plus prochain indiqué par le Conseil.

Le Conseil peut toujours ordonner un supplément d'instruction.

1. Voir l'article 10 de la loi du 15 mars 1850, page III.
2. Voir cet article, page XXXI.
3. Voir l'article 14 de la loi du 15 mars 1850, page V.

3.

L'avis du Conseil exprime, s'il y a lieu, de donner suite à l'affaire, et, en cas d'affirmative, quelle peine doit être prononcée.

Art. 25. — En matière contentieuse, les réclamations des parties, avec les pièces et mémoires à l'appui, sont déposées au secrétariat de l'académie; il en est donné récépissé.

Ces réclamations reçoivent un numéro d'enregistrement et sont examinées dans l'ordre où elles sont parvenues au secrétariat.

Pour chaque affaire, le Conseil désigne un rapporteur, qui fait son rapport à la plus prochaine réunion du Conseil.

Art. 26. — Lorsque le Conseil est appelé à prononcer en matière disciplinaire, un membre désigné par lui est chargé de l'instruction; il recueille les informations et fait son rapport à l'époque fixée par le Conseil.

Sur le rapport, le Conseil académique déclare d'abord s'il y a lieu à suivre.

En cas d'affirmative, il entend l'inculpé dans ses moyens de défense, et, s'il y a lieu, les témoins.

Art. 27. — En matière contentieuse et disciplinaire, la décision du Conseil académique est notifiée, dans les huit jours, par les soins du recteur.

Le recteur est tenu d'avertir les parties, s'il y a lieu, qu'elles ont le droit de se pourvoir devant le Conseil supérieur dans le délai prescrit par la loi.

Art. 28. — Le recours de la partie contre la décision du Conseil académique est reçu au secrétariat de l'académie; il en est donné récépissé.

Le recours du recteur est formé par un arrêté qu'il notifie à la partie intéressée. Ampliation de cet arrêté est adressée, avec les pièces de l'affaire, au ministre de l'instruction publique, qui en saisit le Conseil supérieur.

Art. 29. — Les Conseils académiques peuvent appeler dans leur sein les membres de l'enseignement et toutes autres personnes dont l'expérience leur paraîtrait devoir être utilement consultée.

Les fonctionnaires de l'instruction publique ne peuvent être appelés que de l'agrément du recteur.

Les personnes ainsi appelées par les Conseils académiques n'ont pas voix délibérative.

§ 4. Des secrétaires d'académie.

ART. 30. — Les secrétaires d'académie sont partagés en classes, dont le nombre est déterminé par décret du Président de la République.

Les traitements varient suivant les classes.

La classe est attachée à la personne, et non à la résidence.

ART. 31. — Le fonctionnaire appelé pour la première fois à l'emploi de secrétaire d'académie est nécessairement de la dernière classe.

Nul ne peut être promu à une classe supérieure sans avoir passé deux ans au moins dans la classe immédiatement inférieure.

Les dispositions du présent article ne sont pas applicables à la première organisation de l'administration académique.

ART. 32. — Nul ne peut être nommé aux fonctions de secrétaire d'académie s'il ne justifie du grade de bachelier ou du brevet de capacité pour l'enseignement primaire.

Sont exceptés de cette condition les secrétaires et commis d'académie qui exercent actuellement, ou qui ont précédemment exercé ces fonctions.

ART. 33. — Dans chaque académie, le secrétaire est chargé de la rédaction des procès-verbaux du Conseil académique, sous la direction du secrétaire de ce Conseil.

Il est préposé à la garde des archives de l'académie. Il peut être chargé, par les recteurs, de délivrer copie des pièces dont il est dépositaire.

Il dirige, sous les ordres du recteur, le travail des bureaux de l'académie.

Il reçoit la consignation des droits perçus au profit du Trésor public dans les chefs-lieux académiques où il n'existe pas d'agent comptable préposé à cette perception. Dans ce cas, il est commissionné par le ministre des finances et est tenu de fournir un cautionnement, conformément aux règlements.

CHAPITRE III. *De l'inspection.*

Art. 34. — Les inspecteurs généraux et les inspecteurs supérieurs sont choisis sur une liste de candidats formée par le ministre ; le Conseil supérieur est appelé à donner son avis sur cette liste, avant la nomination.

Art. 35. — Pour la nomination des inspecteurs de l'instruction primaire, la liste des candidats, composée par le recteur, est communiquée au Conseil académique et transmise ensuite au ministre avec l'avis de ce Conseil.

Art. 36. — Les fonctions d'inspecteur d'académie et d'inspecteur de l'enseignement primaire sont incompatibles avec tout autre emploi public rétribué.

Le ministre, sur l'avis du Conseil académique, peut toutefois autoriser les inspecteurs de l'instruction primaire à accepter les fonctions d'inspecteur, soit des enfants trouvés et abandonnés, soit des enfants employés dans les manufactures.

Art. 37. — Les inspecteurs de l'instruction primaire sont partagés en classes, dont le nombre est déterminé par décret du Président de la République.

Les traitements varient suivant les classes.

La classe est attachée à la personne, et non à la résidence.

Le fonctionnaire appelé pour la première fois à l'emploi d'inspecteur de l'instruction primaire est nécessairement de la dernière classe.

Nul ne peut être promu à la classe supérieure sans avoir passé un an au moins dans la classe immédiatement inférieure.

Les dispositions du présent article ne sont pas applicables à la première organisation de l'inspection de l'enseignement primaire.

Art. 38. — Nul ne peut être appelé aux fonctions d'inspecteur de l'instruction primaire s'il n'a été déclaré apte à ces fonctions, après un examen spécial, dont le programme sera déterminé conformément à l'article 5 de la loi organique[1]. Jusqu'à ce que ce programme ait été arrêté, l'examen aura lieu conformément aux règlements en vigueur.

Art. 39. — Ne peuvent être admis à l'examen que les candidats qui justifient :

1° De vingt-cinq ans d'âge ;

2° Du diplôme de bachelier ès lettres, ou d'un brevet de capacité pour l'enseignement primaire supérieur, si le brevet a été délivré avant la promulgation de la loi organique, et, dans le cas contraire, d'un brevet attestant que l'examen a porté sur toutes les matières d'enseignement comprises dans l'article 23 de la même loi [2] ;

3° De deux ans d'exercice au moins dans l'enseignement ou dans les fonctions de secrétaire d'académie, de membre d'un ancien comité supérieur d'instruction primaire, ou de délégué du Conseil académique pour la surveillance des écoles.

La condition exigée par le paragraphe précédent ne sera point applicable à la première organisation de l'inspection.

Art. 40. — Sont dispensés de l'examen exigé par l'article 38 les anciens inspecteurs ou sous-inspecteurs de l'instruction primaire, les directeurs d'écoles normales primaires, les principaux des collèges communaux, les chefs d'établissements particuliers d'instruction secondaire et les licenciés.

Art. 41. — Ont seuls droit aux frais de tournée déterminés par les règlements : les membres du Conseil supérieur délégués

1. Voir l'article 5 de la loi du 15 mars 1850, page ii.
2. Voir l'article 23 de la loi du 15 mars 1850, page viii.

par le ministre pour une mission spéciale ; les inspecteurs généraux ; les inspecteurs supérieurs ; les recteurs ; les membres des Conseils académiques délégués par le recteur en vertu de l'article 18 de la loi organique[1] ; les inspecteurs d'académie et les inspecteurs de l'instruction primaire.

ART. 42. — Les personnes chargées de l'inspection, en vertu de l'article 18 de la loi organique[2], dressent procès-verbal de toutes les contraventions qu'elles reconnaissent.

Si la contravention consiste dans l'emploi d'un livre défendu en vertu de l'article 5[2] de la même loi, l'ouvrage est saisi et envoyé avec le procès-verbal au recteur de l'académie, qui soumet l'affaire au Conseil académique.

ART. 43. — Les inspecteurs de l'instruction primaire donnent au recteur leur avis sur les secours et encouragements de tout genre relatifs à l'instruction primaire ; ils s'assurent que les allocations accordées sont employées selon leur destination.

Ils font au recteur des propositions pour la liste d'admissibilité et d'avancement des instituteurs communaux, qui doit être dressée par le Conseil académique. Ils donnent au recteur leur avis sur les nominations des instituteurs communaux et sur les demandes d'institution.

Ils assistent, avec voix délibérative, aux réunions des délégués cantonaux prescrites par le quatrième paragraphe de l'article 42[3] de la loi organique et à celles dont il est fait mention en l'article 46 du présent règlement[4].

Ils donnent leur avis au recteur sur les demandes formées par les instituteurs communaux et sur les déclarations faites par les instituteurs libres à l'effet d'ouvrir un pensionnat primaire.

Ils inspectent les écoles normales primaires et surveillent particulièrement les élèves-maîtres entretenus par le département dans les établissements d'instruction primaire.

Ils surveillent l'instruction donnée aux enfants admis pour le

1. Voir l'article 18 de la loi du 15 mars 1850, page vi.
2. Voir l'article 5 de la loi du 15 mars 1850, page ii.
3. Voir l'article 42 de la loi du 15 mars 1850, page xv.
4. Voir cet article, page xl.

compte des communes dans les écoles libres, en exécution du quatrième paragraphe de l'article 36 de la loi organique [1].

Ils adressent, tous les trois mois, au recteur de l'académie, un rapport sur la situation de l'instruction primaire dans les communes qu'ils ont parcourues pendant le trimestre, et des notes détaillées sur le personnel des écoles.

CHAPITRE IV. *Des délégués cantonaux et des autorités préposées à l'enseignement primaire.*

ART. 44. — Nul chef ou professeur dans un établissement d'instruction primaire, public ou libre, ne peut être nommé délégué du Conseil académique.

ART. 45. — Les délégués ont entrée dans toutes les écoles libres ou publiques de leur circonscription ; ils les visitent au moins une fois par mois.

Ils communiquent aux inspecteurs de l'instruction primaire tous les renseignements utiles qu'ils ont pu recueillir.

ART. 46. — Sur la convocation et sous la présidence du sous-préfet, les délégués des cantons d'un arrondissement peuvent être réunis au chef-lieu de l'arrondissement pour délibérer sur les objets qui leur sont soumis par le recteur ou par le Conseil académique.

ART. 47. — A Paris, le Conseil académique désigne, dans chaque arrondissement, un délégué au moins par quartier. Il peut désigner en outre, dans chaque arrondissement, des délégués spéciaux pour les écoles des cultes protestant et israélite.

L'inspecteur de l'instruction primaire assiste aux réunions mensuelles des délégués de l'arrondissement, avec voix consultative.

ART. 48. — Lorsqu'il y a dans une commune une école spécialement affectée aux enfants d'un culte, et qu'il ne s'y trouve

1. Voir l'article 36 de la loi du 15 mars 1850, page XIII.

en résidence aucun ministre de ce culte, l'évêque ou le consistoire désigne, pour l'exécution de l'article 44 de la loi organique [1], le curé, le pasteur ou le délégué d'une commune voisine.

Art. 49. — Les autorités préposées par l'article 44 de la loi organique [1] à la surveillance des écoles peuvent se réunir, sous la présidence du maire, pour convenir des avis à transmettre à l'inspecteur de l'instruction primaire et aux délégués cantonaux.

CHAPITRE V. *Des commissions d'examen pour la délivrance des brevets de capacité pour l'enseignement primaire.*

Art. 50. — Les commissions d'examen pour le brevet de capacité pour l'enseignement primaire tiennent au moins deux sessions par an.

La commission ne peut délibérer régulièrement qu'autant que cinq au moins de ses membres sont présents.

Les délibérations sont prises à la majorité des suffrages.

En cas de partage, la voix du président est prépondérante.

La forme des brevets est réglée par le ministre de l'instruction publique.

Nul ne peut se présenter devant une commission d'examen, s'il n'est âgé de dix-huit ans au moins.

CHAPITRE VI. *Autorités chargées de délivrer le brevet de capacité pour l'enseignement secondaire et les diplômes des différents grades.*

Art. 51. —, Les jurys chargés d'examiner les aspirants au brevet de capacité pour l'enseignement secondaire tiennent quatre sessions par an : le premier lundi des mois de janvier, d'avril, de juillet et d'octobre.

1. Voir l'article 44 de la loi du 15 mars 1850, page xvi.

Les jurys ne peuvent délibérer régulièrement qu'autant que cinq de leurs membres au moins sont présents.

Les délibérations sont prises à la majorité des suffrages.

En cas de partage, la voix du président est prépondérante.

Des registres, destinés à recevoir les inscriptions des aspirants aux brevets, sont ouverts, huit jours avant chaque session, au secrétariat de l'académie, et clos la veille de l'ouverture de la session.

ART. 52. — Les brevets délivrés par les jurys spéciaux font mention de l'enseignement pour lequel ils ont été obtenus.

Le brevet n'est remis au candidat que dix jours après la décision du jury.

Pendant ce temps, le recteur peut se pourvoir devant le Conseil académique pour violation des formes ou de la loi. En cas de pourvoi, le brevet n'est remis qu'après la décision du Conseil académique, et, s'il y a recours, du Conseil supérieur.

Les brevets sont signés par le recteur, président du jury.

ART. 53. — Pour l'examen des candidats au baccalauréat ès lettres, des professeurs ou des agrégés des facultés des sciences, et, à défaut de professeurs ou d'agrégés, des docteurs ès sciences, sont adjoints aux professeurs des facultés des lettres pour la partie scientifique de l'examen.

ART. 54. — Les délibérations prises par les diverses facultés pour la collation des grades sont transmises aux recteurs par leurs doyens respectifs.

Le diplôme n'est remis au candidat que dix jours après que la délibération de la faculté est parvenue au recteur.

Dans les dix jours de la réception, le recteur peut se pourvoir, pour violation des formes et de la loi, devant le Conseil académique du département où l'examen a été passé.

En cas de pourvoi, le diplôme n'est remis qu'après la décision du Conseil académique, et, s'il y a recours, du Conseil supérieur.

ART. 55. — Le ministre de l'instruction publique et des cultes est chargé de l'exécution du présent règlement, qui sera inséré au *Bulletin des lois*.

(M. E. DE PARIEU, ministre.)

Décret du 7 octobre 1850, relatif à l'enseignement primaire public et libre.

CHAPITRE Ier. *De l'enseignement libre.*

ARTICLE 1er. — Il est ouvert, dans chaque mairie, un registre spécial destiné à recevoir les déclarations des instituteurs qui veulent établir des écoles libres, conformément à l'article 27 de la loi organique du 15 mars 1850[1].

Indépendamment des indications exigées par cet article, chaque déclaration doit être accompagnée :

1° De l'acte de naissance de l'instituteur ;

2° De son brevet de capacité ou du titre reconnu équivalent au brevet de capacité par le deuxième paragraphe de l'article 25 de la loi organique[2].

Cette déclaration est signée, sur le registre, par l'instituteur et par le maire.

Une copie en est immédiatement affichée à la porte de la mairie et y demeure pendant un mois.

ART. 2. — Dans les trois jours qui suivent cette déclaration, le maire adresse au recteur les pièces jointes à ladite déclaration et le certificat d'affiche.

Dans le même délai, le maire, après avoir visité ou fait visiter le local destiné à l'école, est tenu de délivrer gratuitement à l'instituteur, en triple expédition, une copie légalisée de sa déclaration.

S'il refuse d'approuver le local, il doit faire mention de cette opposition et des motifs sur lesquels elle est fondée, au bas des copies légalisées qu'il délivre à l'instituteur.

Une de ces copies est remise par l'instituteur au procureur de la République et une autre au sous-préfet, lesquels en délivrent récépissé. La troisième copie est remise au recteur de

1. Voir cet article, page x.
2. Voir l'article 25 de la loi du 15 mars 1850, page IX.

l'académie par l'instituteur, avec les récépissés du procureur de la République et du sous-préfet.

ART. 3. — A l'expiration du délai fixé par le dernier paragraphe de l'article 27 de la loi organique[1], le maire transmet au recteur les observations auxquelles la déclaration affichée peut avoir donné lieu, ou l'informe qu'il n'en a pas été reçu à la mairie.

ART. 4. — Si le recteur croit devoir faire opposition à l'ouverture de l'école, par application de l'article 28 de la loi organique[2], il signifie son opposition à la partie par un arrêté motivé.

Trois jours au moins avant la séance fixée pour le jugement de l'opposition, la partie est citée à comparaître devant le Conseil académique.

Cette opposition est jugée par le Conseil académique, suivant les formes prescrites au chapitre II du règlement d'administration publique du 29 juillet 1850[3].

Copie de la décision du Conseil académique est transmise par le recteur au maire de la commune, qui fait transcrire cette décision en marge de la déclaration de l'instituteur sur le registre spécial.

ART. 5. — Lorsqu'un instituteur libre a été suspendu de l'exercice de ses fonctions, il peut être admis par le Conseil académique à présenter un suppléant pour la direction de son école.

ART. 6. — Lorsque, par application des articles 29, 30 et 53 de la loi organique[4], un pensionnat primaire se trouve dans le cas d'être fermé, le recteur et le procureur de la République doivent se concerter pour que les parents ou tuteurs des élèves soient avertis, et pour que les élèves pensionnaires dont les

1. Voir l'article 27 de la loi du 15 mars 1850, page x.
2. Voir l'article 28 de la loi du 15 mars 1850, page x
3. Voir ce chapitre, page XXXII.
4. Voir les articles 29, 30 et 53 de la loi du 15 mars 1850, p. x, xi et xviii.

parents ne résident pas dans la localité soient recueillis dans une maison convenable.

S'il se présente une personne digne de confiance qui offre de se charger des élèves pensionnaires ou externes, le recteur peut l'y autoriser provisoirement.

Cette autorisation n'est valable que pour trois mois au plus.

CHAPITRE II. *De l'enseignement public.*

SECTION Ire. Des écoles primaires publiques

ART. 7. — Le local que la commune est tenue de fournir, en exécution de l'article 37 de la loi organique[1], doit être visité, avant l'ouverture de l'école, par le délégué cantonal, qui fait connaître au Conseil académique si ce local convient pour l'usage auquel il est destiné.

ART. 8. — Lorsque des communes demandent à se réunir pour l'entretien d'une école, le local destiné à la tenue de cette école doit être visité par l'inspecteur de l'arrondissement, qui transmet son rapport au Conseil académique.

A défaut de conventions contraires, les dépenses auxquelles l'entretien des écoles donne lieu sont réparties entre les communes réunies, proportionnellement au montant des quatre contributions directes. Cette répartition est faite par le préfet.

ART. 9. — Lorsqu'il est reconnu que le local fourni par une commune, en exécution de l'article 37 de la loi organique[1], ne convient pas pour l'usage auquel il est destiné, le préfet, après s'être concerté avec le recteur et avoir pris l'avis du Conseil municipal, décide s'il y a lieu, en raison des circonstances, de faire exécuter des travaux pour approprier le local à sa destination, ou bien d'en prononcer l'interdiction.

S'il s'agit de travaux à exécuter, il met la commune en demeure de pourvoir à la dépense nécessaire pour leur exécution dans un délai déterminé. A défaut d'exécution dans ce délai, il peut y pourvoir d'office.

1. Voir l'article 37 de la loi du 15 mars 1850, page XIV.

Si l'interdiction du local a été prononcée, le préfet et le recteur pourvoient à la tenue de l'école, soit par la location d'un autre local, soit par les autres moyens prévus par l'article 36 de la loi organique [1].

Les dépenses occasionnées par cette mesure seront à la charge de la commune, dans les limites déterminées par la loi.

ART. 10. — Chaque année, à l'époque fixée par le recteur, la liste des enfants admis gratuitement dans les écoles publiques est dressée conformément à ce qui est prescrit par l'article 45 de la loi organique [2]; les modifications apportées à cette liste dans le cours de l'année sont soumises aux mêmes formalités.

ART. 11. — Dans les écoles où des enfants de divers cultes sont réunis, chaque ministre procède séparément à l'examen des élèves de son culte en ce qui concerne l'enseignement religieux.

ART. 12. — Lorsque dans une école spécialement affectée aux enfants d'un culte sont admis les enfants d'un autre culte, il est tenu par l'instituteur un registre sur lequel est inscrite la déclaration du père, ou, à son défaut, de la mère ou du tuteur, attestant que leur enfant ou pupille a été admis dans l'école sur leur demande.

Ladite déclaration est signée par les père, mère ou tuteur: s'ils ne savent signer, l'instituteur fait mention de cette circonstance et certifie leur déclaration.

Ce registre doit être représenté à toute personne préposée à la surveillance de l'école.

SECTION II. Des instituteurs publics.

ART. 13. — Tous les ans, à l'époque déterminée par le recteur, le Conseil académique, dans chaque département, dresse:

1. Voir l'article 36 de la loi du 15 mars 1850, page XIII.
2. Voir l'article 45 de la loi du 15 mars 1850, page XVI.

1º Une liste de tous les candidats qui se sont fait inscrire pour être appelés aux fonctions d'instituteur communal, et qu'il juge dignes d'être nommés ;

2º La liste des instituteurs communaux du département qui, à raison de leurs services, sont jugés dignes d'avancement.

Cette dernière liste doit faire connaître le traitement dont jouissent les instituteurs qui y sont portés.

Ces deux listes peuvent être modifiées pendant toute l'année.

Elles doivent être insérées au *Bulletin des actes administratifs de la préfecture,* et communiquées par le recteur aux Conseils municipaux des communes dans lesquelles il y a lieu de pourvoir à la nomination d'un instituteur communal.

ART. 14. — Aussitôt que le Conseil municipal a nommé un instituteur, le maire envoie une copie de la nomination au recteur de l'académie, qui délivre, s'il y a lieu, à l'instituteur une autorisation provisoire, et qui propose au ministre d'accorder ou de refuser l'institution.

L'institution doit être donnée ou refusée dans le délai de six mois.

Si l'institution est refusée, le recteur met immédiatement le Conseil municipal en demeure de pourvoir au choix d'un autre instituteur.

ART. 15. — Lorsque les fonctions d'instituteur communal viennent à vaquer par suite de décès, de démission ou autrement, le recteur pourvoit à la direction de l'école, en attendant le remplacement de l'instituteur.

ART. 16. — Le recteur pourvoit également à la direction de l'école lorsque l'instituteur se trouve frappé de suspension par l'application de l'article 33 de la loi organique[1], ou lorsque, en attendant une instruction plus complète sur une demande en révocation, l'instituteur a été suspendu provisoirement de ses fonctions.

Dans ce cas, le recteur fixe la portion de traitement qui peut être laissée au titulaire et celle qui est attribuée à son

1. Voir l'article 33 de la loi du 15 mars 1850, page XII.

suppléant, et il décide si le suppléant doit jouir en totalité ou en partie du logement affecté à l'instituteur communal.

ART. 17. — Lorsqu'un maire croit devoir suspendre, en cas d'urgence, un instituteur communal, il en informe immédiatement l'inspecteur de l'instruction primaire, sans préjudice du compte qu'il doit rendre, dans les deux jours, au recteur

ART. 18. — Chaque année, trois jours avant la session de février des Conseils municipaux, le receveur municipal remet au maire de la commune le rôle de la rétribution scolaire de l'année précédente.

[Les articles 19 à 32 sont relatifs à la fixation du taux de la rétribution scolaire, ainsi qu'à l'établissement et au recouvrement des rôles de cette rétribution.]

(M. E. DE PARIEU, ministre.)

Décret du 5 décembre 1850, relatif aux conditions imposées aux étrangers pour être admis à enseigner.

§ 1er. *Des étrangers dans les établissements libres d'instruction primaire et secondaire.*

ARTICLE 1er. — Pour ouvrir et diriger une école primaire ou secondaire libre, tout étranger admis à jouir des droits civils en France est soumis aux mêmes obligations que les nationaux. Il devra, en outre, avoir préalablement obtenu et produire une autorisation spéciale du ministre de l'instruction publique, accordée après avis du Conseil supérieur.

Cette dernière condition est imposée à tout étranger appelé à remplir dans un établissement d'instruction primaire ou secondaire libre une fonction de surveillance ou d'enseignement.

L'autorisation accordée par le ministre, après avis du Conseil supérieur, pourra toujours être retirée dans les mêmes formes.

ART. 2. — Dans le cas particulier d'écoles primaires ou d'éta-

blissements secondaires spécialement autorisés, conformément
à l'article précédent, et uniquement destinés à des enfants étrangers résidant en France, des dispenses de brevets de capacité
ou de grades pourront être accordées par le ministre de l'instruction publique, après avis du Conseil supérieur.

ART. 3.— Le ministre de l'instruction publique pourra, après
avoir pris l'avis du Conseil supérieur, déclarer équivalents aux
brevets ou diplômes nationaux exigés par la loi tous brevets
et grades obtenus par l'étranger des autorités scolaires de son
pays.

ART. 4. — Pourront être également accordées par le ministre,
en Conseil supérieur, des dispenses de brevets et de grades aux
étrangers qui se seraient fait connaître par des ouvrages dont
le mérite aura été reconnu par le Conseil supérieur de l'instruction publique.

Art. 5. — Les chefs ou directeurs étrangers d'établissements
d'instruction secondaire ou primaire libres, régulièrement autorisés avant le 1er septembre 1850, continueront d'exercer leur
profession sans être soumis aux prescriptions de l'article 1er du
présent décret.

§ 2. *Cours publics.*

ART. 6. — L'autorisation et les dispenses laissées à la discré-
tion des Conseils académiques par l'article 77 de la loi du
15 mars 1850 [1] ne pourront, quand il s'agira d'étrangers admis
à jouir des droits civils, être accordées que par le ministre de
l'instruction publique, en Conseil supérieur; lesdites autorisation et dispenses sont toujours révocables dans les mêmes
formes.

§ 3. *Des étrangers dans les écoles et établissements publics.*

ART. 7. — Nul étranger ne pourra être nommé instituteur
communal ou instituteur adjoint dans une école publique, in-

1. Voir cet article, page XXVII.

specteur primaire, directeur ou maître adjoint dans une école normale primaire, s'il n'a préalablement obtenu des lettres de naturalisation.

Il en sera de même pour toute fonction à titre définitif dans les établissements publics d'instruction secondaire.

ART. 8. — Le ministre de l'instruction publique et des cultes est chargé de l'exécution du présent décret.

(M. E. DE PARIEU, ministre.)

Décret du 20 décembre 1850, relatif à l'enseignement secondaire libre.

ARTICLE 1er. — Lorsque le recteur, le préfet ou le procureur de la République croiront devoir user du droit d'opposition qui leur est conféré par l'article 64 de la loi organique de l'instruction publique[1], l'opposition sera motivée, signée de son auteur et écrite sur papier libre.

Elle sera déposée au secrétariat de l'académie et notifiée à la personne ou au domicile de la partie intéressée, à la diligence du recteur de l'académie, en la forme administrative.

ART. 2. — Dans la quinzaine qui suivra la notification de l'opposition, il y sera statué par le Conseil académique. Trois jours avant la séance fixée pour le jugement de l'opposition, la partie intéressée sera citée à comparaître devant le Conseil académique, à la diligence du recteur de l'académie.

Le jugement est notifié dans le délai d'un mois par le recteur à la partie intéressée, et au procureur de la République ou au préfet, s'ils ont formé opposition.

Si dans la quinzaine, à dater du jour de la dernière notifición, il n'est interjeté appel ni par le recteur ni par la partie intéressée, le jugement sera réputé définitif.

ART. 3. — Les jugements des Conseils académiques portant

1. Voir l'article 64 de la loi du 15 mars 1850, page XXII.

4.

réprimande avec publicité seront insérés, par extrait, dans le *Recueil des actes administratifs de la préfecture* et dans un journal du département désigné par le jugement.

ART. 4. — Lorsque, par application des articles 66 et 68 de la loi organique[1], un établissement particulier d'instruction secondaire se trouve dans le cas d'être fermé, le recteur et le procureur de la République doivent se concerter pour que les parents ou tuteurs des élèves soient avertis, et pour que les élèves pensionnaires dont les parents ne résident pas dans la localité soient recueillis dans une maison convenable.

S'il se présente une personne digne de confiance qui offre de se charger des élèves pensionnaires ou externes, le recteur pourra l'y autoriser provisoirement; il en informera immédiatement le Conseil académique, qui examinera s'il y a lieu de maintenir l'autorisation accordée. Cette autorisation ne sera valable que pour trois mois au plus.

ART. 5. — Les ministres des cultes qui auraient été interdits ou révoqués ne peuvent profiter de la faculté accordée par le troisième paragraphe de l'article 66 de la loi organique[2].

ART. 6. — Chaque chef d'établissement particulier d'instruction secondaire est tenu d'inscrire sur un registre spécial les noms, prénoms, date et lieu de naissance des répétiteurs ou surveillants qu'il emploie, avec l'indication de la fonction qu'ils remplissent.

Ce registre doit être communiqué à toute réquisition des autorités préposées à la surveillance et à l'inspection.

ART. 7. — Le ministre de l'instruction publique et des cultes est chargé de l'exécution du présent décret.

(M. E. DE PARIEU, ministre.)

1. Voir les articles 66 et 68 de la loi du 15 mars 1850, pages XXIII et XXIV.
2. Voir l'article 66 de la loi du 15 mars 1850, page XXIII.

Décret du 30 décembre 1850, relatif aux pensionnats primaires publics et libres.

TITRE Ier. *Des instituteurs libres.*

ARTICLE 1er. — Tout instituteur libre qui veut ouvrir un pensionnat primaire devra justifier qu'il s'est soumis aux prescriptions des articles 27 et 28 de la loi du 15 mars 1850 [1]. Il devra, en outre, déposer entre les mains du maire la déclaration exigée par le paragraphe 1er de l'article 53 de ladite loi [2].

Cette déclaration doit être accompagnée :

1° De l'acte de naissance de l'instituteur, et, s'il est marié, de son acte de mariage ;

2° D'un certificat dûment légalisé, attestant que le postulant a exercé pendant cinq ans au moins, soit comme instituteur, soit comme maître, dans un pensionnat primaire ;

3° Du programme de son enseignement ;

4° Du plan du local dans lequel le pensionnat doit être établi ;

5° De l'indication du nombre maximum des pensionnaires qu'il se propose de recevoir ;

6° De l'indication des noms, prénoms, date et lieu de naissance des maîtres et employés qu'il s'est adjoints pour la surveillance du pensionnat.

ART. 2. — Tout Français qui, après avoir exercé pendant cinq ans comme maître dans un pensionnat primaire, voudra ouvrir à la fois une école libre et un pensionnat primaire, pourra accomplir simultanément les formalités prescrites par les articles 27 et 28 de la loi du 15 mars [1] et par l'article 1er ci-dessus.

ART. 3. — Le maire inscrit sur un registre spécial la déclaration de l'instituteur.

1. Voir ces articles, page x.
2. Voir cet article, page xviii.

Dans les trois jours qui suivent la déclaration, le maire, après avoir visité ou fait visiter le local destiné au pensionnat, vise en triple expédition la déclaration de l'instituteur et la lui remet avec son visa.

S'il refuse d'approuver le local, il fait mention de son opposition et des motifs sur lesquels elle est fondée, en marge de la déclaration.

Cette déclaration, accompagnée des pièces prescrites par l'article 1er du présent règlement, est transmise au recteur de l'académie, au procureur de la République et au sous-préfet par le postulant.

ART. 4. — Si le recteur fait opposition à l'ouverture du pensionnat, soit dans l'intérêt de la moralité ou de la santé des élèves, soit pour inobservation des formes et conditions prescrites par la loi, il signifie son opposition à la partie par un arrêté motivé.

Trois jours au moins avant la séance fixée pour le jugement de l'opposition, l'instituteur est appelé devant le Conseil académique.

Cette opposition est jugée par le Conseil académique, suivant les formes prescrites au chapitre II du règlement d'administration publique, en date du 29 juillet 1850 (art. 25, 27 et 28)[1].

Copie de la décision du Conseil académique est transmise par le recteur au maire de la commune, qui fait transcrire cette décision en marge de la déclaration de l'instituteur, sur le registre spécial.

A défaut d'opposition à l'ouverture du pensionnat, et dans le cas où il est donné main-levée de l'opposition qui aurait été formée, le Conseil académique détermine le nombre d'élèves qui peuvent être admis sans inconvénient dans le local affecté au pensionnat et le nombre des maîtres et employés nécessaire pour la surveillance des élèves. Mention en est faite par le recteur sur le plan du local. L'instituteur est tenu d   eprésenter ledit plan aux autorités préposées à la surveillanc   s écoles, chaque fois qu'il en est requis.

1. Voir ces articles, page xxxv.

TITRE II. *Des instituteurs publics.*

ART. 5. — Les dispositions des articles 1 et 3 du présent règlement sont applicables à l'instituteur public qui veut établir
un pensionnat primaire.

La déclaration de l'instituteur est soumise par le maire au
Conseil municipal dans sa plus prochaine réunion.

Le Conseil municipal, avant de donner son avis sur la demande, s'assure que le local est approprié à sa destination et
que la tenue de l'école communale n'aura pas à souffrir de l'établissement projeté.

ART. 6. — L'autorisation donnée par le Conseil académique
mentionne le nombre des élèves pensionnaires que l'instituteur
peut recevoir. Cette autorisation mentionne également le
nombre des maîtres et employés qui devront partager avec
l'instituteur la surveillance du pensionnat.

Le plan du local visé par le recteur et l'autorisation délivrée
par le Conseil académique doivent être représentés par l'instituteur aux autorités préposées à la surveillance des écoles.

ART. 7. — Le régime intérieur des pensionnats primaires
sera réglé par le recteur en Conseil académique, sauf revision
par le ministre en Conseil supérieur de l'instruction publique.

TITRE III. *Des conditions communes aux instituteurs publics
et libres.*

ART. 8. — Si l'instituteur ne s'est pas conformé aux mesures
prescrites par le Conseil académique dans l'intérêt des mœurs
et de la santé des élèves, il pourra être traduit devant ledit
Conseil pour subir l'application des dispositions de l'article 30
de la loi organique du 15 mars 1850[1], s'il appartient à l'enseignement libre; s'il est instituteur communal, il lui sera fait application des peines énoncées en l'article 33 de ladite loi[2].

1. Voir cet article, page XI.
2. Voir cet article, page XII.

ART. *9*. — Tout instituteur qui reçoit des pensionnaires doit tenir un registre sur lequel il inscrit les noms, prénoms et l'âge de ses élèves pensionnaires, la date de leur entrée et celle de leur sortie.

Chaque année, il transmet, avant le 1er novembre, au recteur de l'académie un rapport sur la situation et le personnel de son établissement.

ART. 10. — Tout instituteur dirigeant un pensionnat, qui change de commune ou qui, sans changer de commune, change de local ou apporte au local affecté à son pensionnat des modifications graves, doit en faire la déclaration au recteur et au maire de la commune et se pourvoir de nouveau devant le Conseil académique.

La nouvelle déclaration devra être accompagnée du plan du local et devra mentionner les indications énoncées au paragraphe 5 de l'article 4 du présent règlement.

ART. 11. — Il est ouvert dans chaque pensionnat un registre spécial destiné à recevoir les noms, prénoms, date et lieu de naissance des maîtres et employés, et l'indication des emplois qu'ils occupaient précédemment et des lieux où ils ont résidé, ainsi que la date des brevets, diplômes ou certificats de stage dont ils seraient pourvus.

Les autorités préposées à la surveillance de l'instruction primaire devront toujours se faire représenter ces registres quand elles inspecteront les écoles.

ART. 12. — Aucun pensionnat primaire ne pourra être établi dans des locaux dont le voisinage serait reconnu dangereux sous le rapport de la moralité et de la santé des élèves.

ART. 13. — Aucun pensionnat ne peut être annexé à une école primaire qui reçoit des enfants des deux sexes.

ART. 14. — Les dortoirs doivent être spacieux, aérés et dans des dimensions qui soient en rapport avec le nombre des pensionnaires.

Ils doivent être surveillés et éclairés pendant la nuit.
Une pièce spéciale doit être affectée au réfectoire.

ART. 15. — Le ministre de l'instruction publique et des cultes est chargé de l'exécution du présent décret.

(M. E. DE PARIEU, ministre.)

Décret-loi du 9 mars 1852, concernant l'instruction publique.

CHAPITRE Ier. *De l'autorité supérieure de l'enseignement public.*

ARTICLE 1er. — Le Président de la République, sur la proposition du ministre de l'instruction publique, nomme et révoque les membres du Conseil supérieur, les inspecteurs généraux, les recteurs, les professeurs des facultés, du Collège de France, du Muséum d'histoire naturelle, de l'école des langues orientales vivantes, les membres du Bureau des longitudes et de l'Observatoire de Paris et de Marseille, les administrateurs et conservateurs des bibliothèques publiques.

ART. 2. — Quand il s'agit de pourvoir à la nomination d'un professeur titulaire dans une faculté, le ministre propose au Président de la République un candidat choisi, soit parmi les docteurs âgés de trente ans au moins, soit sur une double liste de présentation, qui est nécessairement demandée à la faculté, où la vacance se produit, et au Conseil académique.

Le même mode de nomination est suivi dans les facultés des lettres, des sciences, de droit, de médecine, et dans les écoles supérieures de pharmacie.

En cas de vacance d'une chaire au Collège de France, au Muséum d'histoire naturelle, à l'école des langues orientales vivantes, ou d'une place au Bureau des longitudes, à l'Observatoire de Paris et de Marseille, les professeurs ou membres de ces établissements présentent deux candidats; la classe correspondante de l'Institut en présente également deux. Le ministre peut, en outre, proposer au choix du Président de la République un candidat désigné par ses travaux.

ART. 3. — Le ministre, par délégation du Président de la République, nomme et révoque les professeurs de l'école nationale des chartes, les inspecteurs d'académie, les membres des Conseils académiques qui procédaient précédemment de l'élection, les fonctionnaires et professeurs des écoles préparatoires de médecine et de pharmacie, les fonctionnaires et professeurs de l'enseignement secondaire public, les inspecteurs primaires, les employés des bibliothèques publiques, et généralement toutes les personnes attachées à des établissements d'instruction publique appartenant à l'État.

Il prononce directement et sans recours contre les membres de l'enseignement secondaire public :

La réprimande devant le Conseil académique,

La censure devant le Conseil supérieur,

La mutation,

La suspension des fonctions avec ou sans privation totale ou partielle de traitement,

La révocation.

Il peut prononcer les mêmes peines contre les membres de l'enseignement supérieur, à l'exception de la révocation, qui est prononcée, sur sa proposition, par un décret du Président de la République.

ART. 4. — Les recteurs, par délégation du ministre, nomment les instituteurs communaux, les Conseils municipaux entendus, d'après le mode prescrit par les deux premiers paragraphes de l'article 34 de la loi du 15 mars 1850 [1].

CHAPITRE II. *Du Conseil supérieur de l'instruction publique.*

ART. 5. — Le Conseil supérieur se compose :

De trois membres du Sénat,

De trois membres du Conseil d'État,

De cinq archevêques ou évêques,

De trois membres des cultes non catholiques,

De trois membres de la Cour de cassation,

1. Voir cet article, page XI.

De cinq membres de l'Institut,

De huit inspecteurs généraux,

De deux membres de l'enseignement libre.

Les membres du Conseil supérieur sont nommés pour un an.

Le ministre préside le Conseil et détermine l'ouverture des sessions, qui auront lieu au moins deux fois par an.

CHAPITRE III. *Des inspecteurs généraux de l'instruction publique.*

ART. 6. — Huit inspecteurs généraux de l'enseignement supérieur,

Trois pour les lettres,

Trois pour les sciences,

Un pour le droit,

Un pour la médecine,

sont chargés, sous l'autorité du ministre, de l'inspection des facultés, des écoles supérieures de pharmacie, des écoles préparatoires de médecine et de pharmacie, et des établissements scientifiques et littéraires ressortissant au ministère de l'instruction publique.

Ils peuvent être chargés de missions extraordinaires dans les lycées nationaux et dans les établissements d'instruction secondaire libre.

Six inspecteurs généraux de l'enseignement secondaire,

Trois pour les lettres,

Trois pour les sciences,

sont chargés, sous l'autorité du ministre, de l'inspection des lycées nationaux, des collèges communaux les plus importants et des établissements d'instruction secondaire libre.

Deux inspecteurs généraux de l'enseignement primaire sont chargés des mêmes attributions en ce qui concerne l'instruction de ce degré.

Le ministre peut appeler au Conseil supérieur, pour des questions spéciales, avec voix consultative, des inspecteurs généraux qui n'auraient pas été désignés pour en faire partie.

CHAPITRE IV. *Dispositions particulières.*

ART. 7. — Un nouveau plan d'études sera discuté par le Conseil supérieur dans sa prochaine session.

ART. 8. — En cas d'urgence, les recteurs peuvent, par mesure administrative, suspendre un professeur de l'enseignement public, secondaire ou supérieur, à la charge d'en rendre compte immédiatement au ministre, qui maintient ou lève la suspension.

ART. 9. — Les professeurs, les gens de lettres, les savants et les artistes dépendant du ministère de l'instruction publique ne peuvent cumuler que deux fonctions rétribuées sur les fonds du Trésor public.

Le montant des traitements cumulés, tant fixes qu'éventuels, pourra s'élever à 20,000 francs.

ART. 10. — A l'avenir, la liquidation des pensions de retraite des fonctionnaires de l'instruction publique n'aura lieu qu'après avis de la section des finances du Conseil d'État.

ART. 11. — Sont maintenues les dispositions de la loi du 15 mars 1850[1] qui ne sont pas contraires au présent décret.

ART. 12. — Le ministre de l'instruction publique et des cultes est chargé de l'exécution du présent décret, qui sera inséré au *Bulletin des lois.*

(M. H. FORTOUL, ministre.)

Loi du 14 juin 1854 sur l'enseignement.

TITRE Ier. *De l'administration de l'instruction publique*

ARTICLE 1er. — La France est divisée en seize circonscriptions académiques, dont les chefs-lieux sont : Aix, Besançon,

1. Voir cette loi, page i.

Bordeaux, Caen, Clermont, Dijon, Douai, Grenoble, Lyon, Montpellier, Nancy, Paris, Poitiers, Rennes, Strasbourg, Toulouse.

Art. 2. — Chacune des académies est administrée par un recteur, assisté d'autant d'inspecteurs d'académie qu'il y a de départements dans la circonscription.

Un décret déterminera le nombre des inspecteurs d'académie du département de la Seine.

Art. 3. — Il y a au chef-lieu de chaque académie un Conseil académique, composé :

1° Du recteur, président;

2° Des inspecteurs de la circonscription ;

3° Des doyens des facultés;

4° De sept membres, choisis, tous les trois ans, par le ministre de l'instruction publique :

Un parmi les archevêques ou évêques de la circonscription ;

Deux parmi les membres du clergé catholique ou parmi les ministres des cultes non catholiques reconnus;

Deux dans la magistrature ;

Deux parmi les fonctionnaires publics ou autres personnes notables de la circonscription.

Art. 4. — Le Conseil académique veille au maintien des méthodes d'enseignement prescrites par le ministre en Conseil impérial de l'instruction publique, et qui doivent être suivies dans les écoles publiques d'instruction primaire, secondaire ou supérieure du ressort.

Il donne son avis sur les questions d'administration, de finances ou de discipline, qui intéressent les collèges communaux, les lycées et les établissements d'enseignement supérieur.

Art. 5. — Il y a au chef-lieu de chaque département un Conseil départemental de l'instruction publique, composé :

1° Du préfet, président ;

2° De l'inspecteur d'académie ;

3° D'un inspecteur de l'instruction primaire désigné par le ministre ;

4° Des membres que les paragraphes 5, 6, 7, 8, 9, 10 et 11 de l'article 10 de la loi du 15 mars 1850 [1] appelaient à siéger dans les anciens conseils, et dont le mode de désignation demeure réglé conformément à ladite loi et à l'article 3 du décret du 9 mars 1852 [2].

ART. 6. — Pour le département de la Seine, le Conseil départemental de l'instruction publique se compose :

1° Du préfet, président ;

2° Du recteur de l'académie de Paris, vice-président ;

3° De deux des inspecteurs d'académie attachés au département de la Seine ;

4° De deux inspecteurs de l'instruction primaire dudit département ;

5° Des membres que les paragraphes 4, 5, 6, 7, 8, 11, 12, 13, 14 et 15 de l'article 11 de la loi du 15 mars 1850 [3] appelaient à faire partie de l'ancien Conseil académique de la Seine, et dont le mode de désignation demeure réglé conformément à ladite loi et à l'article 3 du décret du 9 mars 1852 [4].

ART. 7. — Le Conseil départemental de l'instruction publique exerce, en ce qui concerne les affaires de l'instruction primaire et les affaires disciplinaires et contentieuses relatives aux établissements particuliers d'instruction secondaire, les attributions déférées au Conseil académique par la loi du 15 mars 1850 [5].

Les appels de ses décisions, dans les matières qui intéressent la liberté d'enseignement, sont portés directement devant le Conseil impérial de l'instruction publique, en conformité des dispositions de ladite loi.

ART. 8. — Le préfet exerce, sous l'autorité du ministre de l'instruction publique et sur le rapport de l'inspecteur d'académie, les attributions déférées au recteur par la loi du

1. Voir cet article, page III.
2. Voir cet article, page LVII.
3. Voir cet article, page IV.
4. Voir cet article, page LVII.
5. Voir cette loi, page 1, et notamment les articles 14, 15 et 16 pages V et VI.

15 mars 1850[1] et par le décret organique du 9 mars 1852[2], en ce qui concerne l'instruction primaire publique ou libre.

ART. 9. — Sous l'autorité du préfet, l'inspecteur d'académie instruit les affaires relatives à l'enseignement primaire du département.

Sous l'autorité du recteur, il dirige l'administration des collèges et lycées et exerce, en ce qui concerne l'enseignement secondaire libre, les attributions déférées au recteur par la loi du 15 mars 1850[3].

ART. 10. — Le local de l'académie, le mobilier du Conseil académique et des bureaux du recteur, sont fournis par la ville chef-lieu.

Le local et le mobilier nécessaires à la réunion du Conseil départemental et les bureaux de l'inspecteur d'académie, ainsi que les frais de bureau, sont à la charge du département

Ces dépenses sont obligatoires.

ART. 11. — Un décret, rendu en la forme des règlements d'administration publique, déterminera les circonscriptions des académies, ainsi que tout ce qui concerne la réunion et la tenue des Conseils académiques et départementaux.

ART. 12. — Les dispositions du présent titre sont exécutoires à partir du 1er septembre 1854.

TITRE II. *Dispositions spéciales aux établissements d'enseignement supérieur.*

ART. 13. — A partir du 1er janvier 1855, les établissements d'enseignement supérieur chargés de la collation des grades formeront un service spécial subventionné par l'État. Le budget de ce service spécial sera annexé à celui du ministère de l'instruction publique et des cultes; le compte des recettes

1. Voir cette loi, page I.
2. Voir ce décret, page LVI, et notamment l'article 4, page LVII.
3. Voir cette loi, page I.

et des dépenses sera annexé à la loi des comptes, conformément à l'article 17 de la loi du 9 juillet 1836.

Les fonds destinés à acquitter les dépenses régulièrement effectuées, qui n'auraient pu recevoir leur emploi dans le cours de l'exercice, seront reportés, après clôture, sur l'exercice en cours d'exécution; les fonds restés libres seront cumulés avec les ressources du budget nouveau.

Art. 14. — Un décret, rendu en la forme des règlements d'administration publique, déterminera le tarif des droits d'inscription, d'examen et de diplôme à percevoir dans les établissements d'enseignement supérieur chargés de la collation des grades.

Un décret rendu en la même forme, après avis du Conseil impérial de l'instruction publique, réglera les conditions d'âge et d'études pour l'admission aux grades, sans qu'il puisse être dérogé à l'article 63 de la loi du 15 mars 1850 [1].

Art. 15. — Les dispositions des lois, décrets, ordonnances et règlements contraires à la présente loi sont et demeurent abrogées.

(M. H. FORTOUL, ministre.)

Décret du 22 août 1854, relatif à l'organisation des académies.

§ Ier. Des circonscriptions académiques.

ARTICLE 1er. — L'académie d'Aix comprend les départements des Basses-Alpes, des Bouches-du-Rhône, de la Corse, du Var, de Vaucluse.

L'académie de Besançon comprend les départements du Doubs, du Jura, de la Haute-Saône.

L'académie de Bordeaux comprend les départements de la

1. Voir cet article, page xxii.

Dordogne, de la Gironde, des Landes, de Lot-et-Garonne, des Basses-Pyrénées.

L'académie de Caen comprend les départements du Calvados, de l'Eure, de la Manche, de l'Orne, de la Sarthe, de la Seine-Inférieure.

L'académie de Clermont comprend les départements de l'Allier, du Cantal, de la Corrèze, de la Creuse, de la Haute-Loire, du Puy-de-Dôme.

L'académie de Dijon comprend les départements de l'Aube, de la Côte-d'Or, de la Haute-Marne, de la Nièvre, de l'Yonne.

L'académie de Douai comprend les départements de l'Aisne, des Ardennes, du Nord, du Pas-de-Calais, de la Somme.

L'académie de Grenoble comprend les départements des Hautes-Alpes, de l'Ardèche, de la Drôme, de l'Isère.

L'académie de Lyon comprend les départements de l'Ain, de la Loire, du Rhône, de Saône-et-Loire.

L'académie de Montpellier comprend les départements de l'Aude, du Gard, de l'Hérault, de la Lozère, des Pyrénées-Orientales.

L'académie de Nancy comprend les départements de la Meurthe, de la Meuse, de la Moselle, des Vosges.

L'académie de Paris comprend les départements du Cher, d'Eure-et-Loir, de Loir-et-Cher, du Loiret, de la Marne, de l'Oise, de la Seine, de Seine-et-Marne, de Seine-et-Oise.

L'académie de Poitiers comprend les départements de la Charente, de la Charente-Inférieure, de l'Indre, d'Indre-et-Loire, des Deux-Sèvres, de la Vendée, de la Vienne, de la Haute-Vienne.

L'académie de Rennes comprend les départements des Côtes-du-Nord, du Finistère, d'Ille-et-Vilaine, de la Loire-Inférieure, de Maine-et-Loire, de la Mayenne, du Morbihan.

L'académie de Strasbourg comprend les départements du Bas-Rhin, du Haut-Rhin.

L'académie de Toulouse comprend les départements de l'Ariège, de l'Aveyron, de la Haute-Garonne, du Gers, du Lot, des Hautes-Pyrénées, du Tarn, de Tarn-et-Garonne.

§ 2. *Des facultés et des écoles d'enseignement supérieur.*

ART. 2. — Les facultés actuellement existantes continuent à siéger dans les villes où elles sont actuellement établies.

Les facultés instituées par la présente organisation académique ont leur siège dans les villes ci-après :

La faculté des sciences de l'académie d'Aix, à Marseille ;

La faculté des lettres et la faculté des sciences de l'académie · de Clermont, à Clermont ;

La faculté des lettres de l'académie de Douai, à Douai ; la faculté des sciences de la même académie, à Lille ;

La faculté des lettres et la faculté des sciences de l'académie de Nancy, à Nancy ;

La faculté des sciences de l'académie de Poitiers, à Poitiers.

ART. 3. — Les nouvelles facultés seront organisées dès que les villes qui en sont le siège auront fait les frais d'une installation provisoire, et qu'elles auront pris l'engagement de fournir à toutes les dépenses d'une installation définitive. L'organisation définitive desdites facultés aura lieu lorsque, après vérification contradictoire entre les délégués du ministre de l'instruction publique et ceux de l'autorité municipale, le ministre aura reconnu que les bâtiments sont complètement appropriés aux besoins de l'enseignement supérieur, et qu'ils sont pourvus de la bibliothèque et des collections indispensables.

ART. 4. — Les villes qui ne sont pas sièges de facultés, et qui ont établi des cours municipaux sur quelques parties élevées des sciences et des lettres, pourront obtenir que ces cours prennent le titre et le rang d'écoles préparatoires à l'enseignement supérieur des sciences et des lettres, à la charge par lesdites villes de fournir un local convenable, les collections nécessaires à l'enseignement, et une subvention annuelle pour le traitement des professeurs et les dépenses du matériel.

Les écoles préparatoires à l'enseignement supérieur des sciences et des lettres sont assimilées aux écoles préparatoires de médecine et de pharmacie.

Le ministre de l'instruction publique en nomme les professeurs, qui deviennent membres du corps enseignant et jouissent dès lors de tous les droits et avantages attachés à cette qualité.

Les étudiants sont admis à prendre dans les écoles préparatoires des sciences et des lettres des inscriptions, qui peuvent être converties en inscriptions des facultés correspondantes, sous les conditions déterminées par un arrêté délibéré en Conseil impérial de l'instruction publique.

ART. 5. — Dans les facultés des sciences et dans les écoles préparatoires à l'enseignement supérieur des sciences, les professeurs pourront être autorisés, par décision du ministre, à ouvrir des cours pour des applications spéciales. Dans ce cas, les facultés et les écoles préparatoires pourront, après examen, délivrer des certificats de capacité pour les sciences appliquées. Lorsque l'examen sera subi devant une école préparatoire, le jury sera présidé par un professeur de la faculté des sciences.

ART. 6. — Pour être nommé professeur dans une faculté, il faut être âgé de trente ans au moins, être docteur dans l'ordre de cette faculté, et avoir fait, pendant deux ans au moins, soit un cours dans un établissement de l'État, soit un cours particulier dûment autorisé, analogue à ceux qui sont professés dans les facultés.

ART. 7. — Peuvent être également nommés professeurs dans les facultés les membres de l'Institut qui ont fait, pendant six mois au moins, un cours dans les conditions de l'article précédent.

ART. 8. — Lorsqu'il y a lieu de pourvoir à une chaire vacante dans une des facultés de l'académie de Paris, les facultés du même ordre dans les départements en reçoivent avis ; elles peuvent recommander au ministre la candidature d'un de leurs membres.

ART. 9. — Les suppléances dans les facultés sont confiées par le ministre à des agrégés des facultés ou à des docteurs.

5.

ART. 10. — Les agrégés continuent à être nommés au concours.

ART. 11. — Les agrégés sont à la disposition du ministre, qui peut les attacher temporairement aux diverses facultés du même ordre, selon les besoins du service.

ART. 12. — Les suppléants actuellement en exercice dans les facultés de droit conservent, quant à la durée et aux émoluments de leurs fonctions, les avantages qui leur étaient assurés par les lois et règlements antérieurs, et qui ne sont pas contraires au présent décret.

ART. 13. — Il est formé, à l'École normale supérieure, une division spéciale d'élèves choisis, d'après les résultats des examens, parmi ceux qui ont terminé le cours triennal.

Pendant une quatrième et une cinquième année, ces élèves se préparent, soit dans l'intérieur de l'école, soit près des grandes écoles ou établissements du gouvernement, soit même à l'étranger, à l'épreuve du doctorat ès lettres ou ès sciences et à l'enseignement supérieur.

§ 3. Des Conseils académiques.

ART. 14. — Le Conseil académique se réunit deux fois par an, au mois de juin et au mois de novembre, sur la convocation du recteur. Chacune de ses sessions dure huit jours au moins et un mois au plus.

Il peut être convoqué en session extraordinaire par le ministre de l'instruction publique.

Dans la session de juin, le Conseil académique entend les comptes rendus des inspecteurs d'académie touchant le service de l'instruction secondaire et de l'instruction primaire, dont ils sont spécialement chargés dans les départements.

Dans la session de novembre, il entend les rapports détaillés des doyens sur l'état des études et sur les résultats des examens dans chaque faculté. Le recteur détermine les parties de ces rapports qui seront lues dans la séance solennelle de rentrée.

Dans l'une et l'autre session, le Conseil académique délibère en outre sur les questions qui lui sont soumises par le recteur en vertu de l'article 4 de la loi du 14 juin 1854[1].

§ 4. De l'administration académique.

ART. 15. — Les fonctionnaires de l'administration académique sont :

1° Le recteur ;

2° Les inspecteurs d'académie ;

3° Les inspecteurs de l'instruction primaire;

4° Le secrétaire de l'académie.

ART. 16. — Nul ne peut être nommé recteur s'il n'est pourvu du grade de docteur.

ART. 17. — Les attributions du recteur comprennent :

1° La direction et la surveillance des établissements d'enseignement supérieur ;

2° La direction et la surveillance des établissements publics d'enseignement secondaire;

3° La surveillance de l'enseignement secondaire libre ;

4° Le maintien des méthodes de l'enseignement primaire public.

ART. 18. — Le recteur dirige personnellement et surveille, soit par lui-même, soit avec le concours des inspecteurs d'académie, les établissements d'enseignement supérieur.

Il assiste, quand il le juge convenable, aux délibérations des facultés et des écoles préparatoires ; dans ce cas, il les préside, mais il ne prend point part aux votes.

Il réunit tous les mois, en comité de perfectionnement, les doyens des facultés et les directeurs des écoles préparatoires du ressort.

1. Voir cet article, page LX.

Il convoque les facultés, soit ensemble, soit séparement, pour délibérer sur les programmes particuliers de chaque cours et les coordonner entre eux.

Il transmet ces programmes au ministre, avec son avis motivé.

Il fait au ministre ses propositions sur les budgets et sur les comptes annuels des établissements d'enseignement supérieur.

Il statue, après avis des facultés et des écoles préparatoires, sur toutes les questions relatives aux inscriptions des étudiants.

ART. 19. — Le recteur dirige, assisté, au besoin, des inspecteurs d'académie, les établissements publics d'enseignement secondaire.

Il reçoit, avec l'avis de l'inspecteur d'académie, les rapports des proviseurs des lycées et des principaux des collèges communaux. Il les résume dans le rapport mensuel qu'il adresse au ministre.

Il dresse le tableau d'avancement des fonctionnaires des lycées et des régents des classes supérieures des collèges communaux.

Il propose des candidats pour les emplois vacants de maître répétiteur des lycées et de régent des classes de grammaire des collèges communaux.

Il donne son avis au ministr.. sur les comptes administratifs et sur les budgets des lycées et collèges.

Lorsqu'il est en tournée, il réunit, s'il y a lieu, les bureaux d'administration placés près des lycées et des collèges communaux.

ART. 20. — Le recteur surveille, soit par lui-même, soit par l'intermédiaire des inspecteurs d'académie, l'enseignement secondaire libre.

Il pourvoit à ce que les établissements particuliers soient inspectés, une fois au moins par an, et il adresse au ministre le résumé des rapports de l'inspection.

ART. 21. — Le recteur veille, par l'intermédiaire des inspecteurs d'académie et des inspecteurs primaires, à l'exécution des règlements d'études dans toutes les écoles primaires publiques du ressort.

Il propose au ministre les mesures propres à améliorer les méthodes d'enseignement dans les écoles normales primaires et dans les écoles primaires publiques.

Il lui fait annuellement un rapport sur l'état de l'instruction primaire publique et libre dans l'académie.

Il peut, lorsqu'il est en tournée, réunir et présider les commissions de surveillance des écoles normales primaires.

ART. 22. — L'inspecteur d'académie correspond avec le recteur pour tout ce qui concerne les affaires de l'enseignement supérieur, celles de l'enseignement secondaire public ou libre, et les méthodes de l'enseignement primaire public.

Il lui adresse tous les trois mois un rapport sur l'état de l'enseignement dans l'école normale et dans les écoles primaires du département.

En l'absence du recteur, il préside, s'il y a lieu, les bureaux d'administration placés près des lycées et des collèges communaux et les commissions de surveillance des écoles normales primaires.

ART. 23. — L'inspecteur d'académie est tenu de soumettre au préfet un rapport, écrit et signé, sur les nominations et mutations des instituteurs communaux, et sur les peines disciplinaires prévues par l'article 33 de la loi du 15 mars 1850 [1] qu'il pourrait y avoir lieu de leur appliquer.

Pour l'instruction des affaires de l'enseignement primaire, il correspond avec les délégués du Conseil départemental de l'instruction publique, avec les maires et curés et avec les instituteurs primaires publics ou libres.

ART. 24. — Il y a un inspecteur primaire par arrondissement.

L'inspecteur d'académie exerce les fonctions d'inspecteur primaire pour l'arrondissement chef-lieu; il a pour auxiliaire dans cette partie de son service un des inspecteurs primaires

1. Voir cet article, page XII.

d'arrondissement, qu'il désigne annuellement à tour de rôle, et qui reçoit pour cette mission temporaire un supplément de traitement, dont la quotité est fixée par le ministre de l'instruction publique.

Les inspecteurs de l'instruction primaire sont sous les ordres immédiats de l'inspecteur d'académie.

ART. 25. — L'inspecteur d'académie délégué en Corse prend le titre de vice-recteur; il correspond directement avec le ministre de l'instruction publique pour tout ce qui concerne l'administration des lycées et collèges, ainsi que la surveillance de l'enseignement secondaire libre. Il reste, d'ailleurs, soumis à toutes les autres obligations imposées aux inspecteurs d'académie.

§5. *Du Conseil départemental de l'instruction publique.*

ART. 26. — Les membres des Conseils départementaux de l'instruction publique sont nommés pour trois ans, conformément à l'article 12 de la loi du 15 mars 1850 [1].

ART. 27. — Le Conseil départemental de l'instruction publique se réunit au moins deux fois par mois. Ses réunions sont suspendues du 15 août au 15 octobre.

Il peut être convoqué extraordinairement. Le jour de la réunion est fixé par le président.

Le Conseil départemental siège à la préfecture; les bureaux de l'inspecteur d'académie y sont également placés.

ART. 28. — Dans les matières disciplinaires et contentieuses, le Conseil départemental de l'instruction publique procède suivant les formes déterminées par les articles 23, 24, 25, 26, 27 et 28 du règlement d'administration publique du 29 juillet 1850 [2], rendu pour l'exécution de la loi du 15 mars 1850 [3], et par le décret du 20 décembre 1850 [4].

1. Voir cet article, page v.
2. Voir ces articles, pages xxxiv et xxxv.
3. Voir cette loi, page i.
4. Voir ce décret, page l.

§ 6. *Dispositions spéciales à l'académie de Paris.*

Art. 29. — Le ministre de l'instruction publique peut exercer les fonctions de recteur de l'académie de Paris.

Il est assisté dans les fonctions rectorales par un vice-recteur.

Les attributions du vice-recteur de l'académie de Paris sont fixées par un arrêté ministériel.

Art. 30. — Il y a huit inspecteurs au chef-lieu de l'académie de Paris.

Sous l'autorité du recteur,

Quatre d'entre eux sont attachés aux facultés de droit, de médecine, des lettres et des sciences ;

Deux à l'enseignement littéraire et scientifique des lycées et collèges de la ville de Paris ;

Un est chargé des affaires qui concernent l'enseignement secondaire libre.

Le huitième inspecteur d'académie est chargé, sous l'autorité du préfet, des affaires qui concernent les écoles primaires publiques ou libres. Les inspecteurs primaires du département de la Seine lui sont particulièrement adjoints et subordonnés.

Art. 31. — Notre ministre secrétaire d'État au département de l'instruction publique et des cultes est chargé de l'exécution du présent décret, qui sera inséré au *Bulletin des lois.*

(M. H. Fortoul, ministre.)

Décret du 11 juillet 1863, créant un comité consultatif appelé à donner son avis dans les cas de révocation.

Article 1er. — A partir de ce jour, un comité composé de cinq membres, désignés par le Conseil impérial de l'instruction publique et choisis dans son sein, sera appelé à donner son avis motivé toutes les fois qu'il pourra y avoir lieu à la révocation d'un professeur de l'enseignement supérieur ou de l'enseignement secondaire qui sera titulaire de son emploi.

Ce comité sera nommé pour un an, et ses membres pourront être réélus.

ART. 2. — Le secrétaire général du ministère, deux inspecteurs généraux de l'enseignement supérieur ou secondaire, selon qu'il s'agira d'un fonctionnaire de leur ordre, et le chef de division compétent, feront partie du comité et y auront voix délibérative.

ART. 3. — L'inculpé sera admis à présenter sa défense, selon qu'il le jugera préférable, de vive voix ou par écrit.

ART. 4. — Les séances seront présidées par le ministre, et, en cas d'absence de sa part, par le vice-président du Conseil impérial de l'instruction publique ; en cas d'absence de celui-ci, par le doyen d'âge des membres que le Conseil impérial aura désignés.

ART. 5. — Notre ministre de l'instruction publique est chargé de l'exécution du présent décret.

(M. V. DURUY, ministre.)

Loi du 24 juin 1865, sur l'enseignement secondaire spécial.

ARTICLE 1er.—L'enseignement secondaire spécial comprend :
L'instruction morale et religieuse ;
La langue et la littérature françaises ;
L'histoire et la géographie ;
Les mathématiques appliquées ;
La physique, la mécanique, la chimie, l'histoire naturelle, et leurs applications à l'agriculture et à l'industrie ;
Le dessin linéaire, la comptabilité et la tenue des livres
Il peut comprendre en outre :
Une ou plusieurs langues vivantes étrangères ;

Des notions usuelles de législation et d'économie industrielle et rurale, et d'hygiène ;

Le dessin d'ornement et le dessin d'imitation ;

La musique vocale et la gymnastique.

ART. 2. — Dans les communes qui en font la demande, les collèges communaux peuvent être organisés en vue de cet enseignement, après avis du Conseil académique.

ART. 3. — Il est institué un conseil de perfectionnement près de chacun des établissements dépendant du ministère de l'instruction publique où est donné l'enseignement secondaire spécial.

ART. 4. — A la fin des cours, les élèves sont admis à subir, devant un jury dont les membres sont nommés par le ministre de l'instruction publique, un examen à la suite duquel ils obtiennent, s'il y a lieu, un diplôme.

Les élèves de l'enseignement libre peuvent se présenter devant le jury et obtenir le même diplôme.

ART. 5. — La composition du conseil de perfectionnement, celle des jurys et les conditions d'examen sont réglées par des arrêtés délibérés en Conseil impérial de l'instruction publique.

ART. 6. — Le diplôme de bachelier peut être suppléé, pour l'ouverture d'un établissement libre d'enseignement secondaire spécial, par un brevet de capacité, à la suite d'un examen dont les programmes sont réglés par des arrêtés délibérés en Conseil impérial de l'instruction publique.

Nul n'est admis à subir cet examen avant l'âge de dix-huit ans.

La condition de stage prescrite par l'article 60 de la loi du 15 mars 1850 [1] n'est pas exigible.

ART. 7. — Les établissements libres jouissent, pour l'enseignement secondaire spécial, du bénéfice de l'article 69 de la loi du 15 mars 1850 [2].

1. Voir cet article, page XXI.
2. Voir cet article, page XXIV.

ART. 8. — Les dispositions de la présente loi ne font pas obstacle à ce que les chefs ou directeurs d'établissements d'instruction primaire fondés en exécution de la loi du 28 juin 1833 sur l'instruction primaire et de celle du 15 mars 1850[1] sur l'enseignement, continuent à donner l'instruction primaire, prévue par ces deux lois.

ART. 9. — A dater de la promulgation de la présente loi, l'enseignement primaire peut comprendre, outre les matières déterminées par le paragraphe 2 de l'article 23 de la loi du 15 mars 1850[2], le dessin d'ornement, le dessin d'imitation, les langues vivantes étrangères, la tenue des livres et des éléments de géométrie.

(M. V. DURUY, ministre.)

Loi du 10 avril 1867, relative à l'enseignement primaire.

ARTICLE 1er. — Toute commune de cinq cents habitants et au-dessus est tenue d'avoir au moins une école publique de filles, si elle n'en est pas dispensée par le Conseil départemental, en vertu de l'article 15 de la loi du 15 mars 1850[3].

Dans toute école mixte tenue par un instituteur, une femme nommée par le préfet, sur la proposition du maire, est chargée de diriger les travaux à l'aiguille des filles. Son traitement est fixé par le préfet, après avis du Conseil municipal.

ART. 2. — Le nombre des écoles publiques de garçons ou de filles à établir dans chaque commune est fixé par le Conseil départemental, sur l'avis du Conseil municipal.

Le Conseil départemental détermine les écoles publiques de filles auxquelles, d'après le nombre des élèves, il doit être attaché une institutrice adjointe.

Les paragraphes 2 et 3 de l'article 34 de la loi du 15 mars 1850[4] sont applicables aux institutrices adjointes.

1. Voir cette loi, page I.
2. Voir cet article, page VIII.
3. Voir cet article, page V.
4. Voir cet article, page XII.

Ce Conseil détermine, en outre, sur l'avis du Conseil municipal, les cas où, à raison des circonstances, il peut être établi une ou plusieurs écoles de hameau dirigées par des adjoints ou des adjointes.

Les décisions prises par le Conseil départemental, en vertu des paragraphes 1, 2 et 4 du présent article, sont soumises à l'approbation du ministre de l'instruction publique.

ART. 3. — Toute commune doit fournir à l'institutrice, ainsi qu'à l'instituteur adjoint et à l'institutrice adjointe dirigeant une école de hameau, un local convenable, tant pour leur habitation que pour la tenue de l'école, le mobilier de classe et un traitement.

Elle doit fournir à l'adjoint et à l'adjointe un traitement et un logement.

ART. 4. — Les institutrices communales sont divisées en deux classes.

Le traitement de la première classe ne peut être inférieur à cinq cents francs, et celui de la seconde à quatre cents francs.

ART. 5. — Les instituteurs adjoints sont divisés en deux classes.

Le traitement de la première classe ne peut être inférieur à cinq cents francs, et celui de la seconde à quatre cents francs.

Le traitement des institutrices adjointes est fixé à trois cent cinquante francs.

Le traitement des adjoints et adjointes tenant une école de hameau est déterminé par le préfet, sur l'avis du Conseil municipal et du Conseil départemental.

ART. 6. — Dans le cas où un ou plusieurs adjoints ou adjointes sont attachés à une école, le Conseil départemental peut décider, sur la proposition du Conseil municipal, qu'une partie du produit de la rétribution scolaire servira à former leur traitement.

ART. 7. — Une indemnité, fixée par le ministre de l'instruction publique, après avis du Conseil municipal et sur la proposition du préfet, peut être accordée annuellement aux instituteurs et institutrices dirigeant une classe communale d'adultes, payante ou gratuite, établie en conformité du paragraphe 1er de l'article 2 de la présente loi[1].

Art. 8. — Toute commune qui veut user de la faculté accordée par le paragraphe 3 de l'article 36 de la loi du 15 mars 1850[2] d'entretenir une ou plusieurs écoles entièrement gratuites peut, en sus de ses ressources propres et des centimes spéciaux autorisés par la même loi, affecter à cet entretien le produit d'une imposition extraordinaire, qui n'excédera pas quatre centimes additionnels au principal des quatre contributions directes.

En cas d'insuffisance des ressources indiquées au paragraphe qui précède, et sur l'avis du Conseil départemental, une subvention peut être accordée à la commune sur les fonds du département, et, à leur défaut, sur les fonds de l'État, dans les limites du crédit spécial porté annuellement à cet effet, au budget du ministère de l'instruction publique.

Art. 9. — Dans les communes où la gratuité est établie en vertu de la présente loi, le traitement des instituteurs et des institutrices publics se compose :

1º D'un traitement fixe de deux cents francs ;

2º D'un traitement éventuel calculé à raison du nombre d'élèves présents à l'école, d'après un taux de rétribution déterminé, chaque année, par le préfet, sur l'avis du Conseil municipal et du Conseil départemental ;

3º D'un supplément accordé à tous les instituteurs et institutrices dont le traitement fixe, joint au produit de l'éventuel, n'atteint pas, pour les instituteurs, les *minima* déterminés par l'article 38 de la loi du 15 mars 1850 et par le décret du 19 avril 1862, et, pour les institutrices, les *minima* déterminés par l'article 4 ci-dessus[3].

1. Voir cet article, page LXXV.
2. Voir cet article, page XIII.
3. Les *minima* de ces traitements ont été depuis modifiés par la loi du 19 juillet 1875.

ART. 10. — Dans les autres communes, le traitement des instituteurs et des institutrices publics se compose :

1° D'un traitement fixe de deux cents francs ;

2° Du produit de la rétribution scolaire ;

3° D'un traitement éventuel, calculé à raison du nombre d'élèves gratuits présents à l'école, d'après un taux déterminé chaque année par le préfet, sur l'avis du Conseil municipal et du Conseil départemental ;

4° D'un supplément accordé à tous les instituteurs et institutrices dont le traitement fixe, joint au produit de la rétribution scolaire et du traitement éventuel, n'atteint pas, pour les instituteurs, les *minima* déterminés par l'article 38 de la loi du 15 mars 1850 et par le décret du 19 avril 1862, et, pour les institutrices, les *minima* déterminés par l'article 4 ci-dessus [1].

ART. 11. — Le traitement déterminé, conformément aux deux articles précédents, pour les instituteurs et institutrices en exercice au moment de la promulgation de la présente loi, ne peut être inférieur à la moyenne de leurs émoluments pendant les trois dernières années.

ART. 12.— Le préfet du département et le maire de la commune peuvent se pourvoir devant le ministre de l'instruction publique contre les délibérations du Conseil départemental, prises, en vertu du deuxième paragraphe de l'article 15 de la loi de 1850 [2], pour la fixation du taux de la rétribution scolaire.

ART. 13. — Dans les communes qui n'ont point à réclamer le concours du département ni de l'État pour former le traitement des instituteurs et institutrices, tel qu'il est déterminé par les articles 9 et 10, ce traitement peut, sur la demande du Conseil municipal, être remplacé par un traitement fixe, avec l'approbation du préfet, sur l'avis du Conseil départemental.

ART. 14. — Il est pourvu aux dépenses résultant des ar-

1. Les *minima* de ces traitements ont été depuis modifiés par la loi du 19 juillet 1875.
2. Voir cet article, page v.

ticles 1, 2, 3, 4, 5 et 7 ci-dessus comme à celles résultant de la
loi de 1850[1], au moyen des ressources énumérées dans l'article 40 de ladite loi[2], augmentées d'un troisième centime départemental additionnel au principal des contributions directes.

ART. 15. — Une délibération du Conseil municipal, approuvée par le préfet, peut créer, dans toute commune, une caisse
des écoles, destinée à encourager et à faciliter la fréquentation
de l'école par des récompenses aux élèves assidus et par des
secours aux élèves indigents.

Le revenu de la caisse se compose de cotisations volontaires
et de subventions de la commune, du département ou de l'État.
Elle peut recevoir, avec l'autorisation des préfets, des dons et
des legs.

Plusieurs communes peuvent être autorisées à se réunir pour
la formation et l'entretien de cette caisse.

Le service de la caisse des écoles est fait gratuitement par le
percepteur.

ART. 16. — Les éléments de l'histoire et de la géographie
de la France sont ajoutés aux matières obligatoires de l'enseignement primaire.

ART. 17. — Sont soumises à l'inspection, comme les écoles
publiques, les écoles libres qui tiennent lieu d'écoles publiques,
aux termes du quatrième paragraphe de l'article 36 de la loi
de 1850[3], ou qui reçoivent une subvention de la commune, du
département ou de l'État.

ART. 18. — L'engagement de se vouer pendant dix ans à
l'enseignement public, prévu par l'article 79 de la même loi[4],
peut être réalisé, tant par les instituteurs que par leurs
adjoints, dans celles des écoles mentionnées à l'article précé-

1. Voir cette loi, page I.
2. Voir l'article 40 de la loi du 15 mars 1850, page XIV.
3. Voir cet article, page XIII.
4. Voir cet article, page XXVII.

dent qui sont désignées à cet effet par le ministre de l'instruction publique, après avis du Conseil départemental.

L'engagement décennal peut être contracté, avant le tirage, par les instituteurs adjoints des écoles désignées ainsi qu'il vient d'être dit.

Sont applicables à ces mêmes écoles les dispositions de l'article 34 de la loi de 1850[1], concernant la fixation du nombre des adjoints, ainsi que le mode de leur nomination et de leur révocation.

ART. 19. — Les décisions du Conseil départemental, rendues dans les cas prévus par l'article 28 de la loi de 1850[2], peuvent être déférées, par voie d'appel, au Conseil impérial de l'instruction publique.

Cet appel doit être interjeté dans le délai de dix jours, à compter de la notification de la décision.

ART. 20. — Tout instituteur ou toute institutrice libre qui, sans en avoir obtenu l'autorisation du Conseil départemental, reçoit dans son école des enfants d'un sexe différent du sien, est passible des peines portées à l'article 29 de la loi de 1850[3].

ART. 21. — Aucune école primaire, publique ou libre, ne peut, sans l'autorisation du Conseil départemental, recevoir d'enfants au-dessous de six ans, s'il existe dans la commune une salle d'asile publique ou libre.

ART. 22. — Sont abrogées les dispositions des lois antérieures, en ce qu'elles ont de contraire à la présente loi.

                              (M. V. DURUY, ministre.)

1. Voir cet article, page XII.
2. Voir cet article, page X.
3. Voir cet article, page X.

Loi du 19 mars 1873, portant réorganisation du Conseil supérieur de l'instruction publique.

ARTICLE 1er. — Le Conseil supérieur institué près le ministre de l'instruction publique est composé comme il suit :

Le Ministre président ;

Trois membres du Conseil d'État en service ordinaire, élus par le Conseil d'État ;

Un membre de l'armée, nommé par le ministre de la guerre, le comité supérieur de la guerre entendu ;

Un membre de la marine, nommé par le ministre de la marine, le conseil d'amirauté entendu ;

Quatre archevêques ou évêques, élus par leurs collègues ;

Un délégué de l'Église réformée, élu par les consistoires ;

Un délégué de l'Église de la confession d'Augsbourg, élu par les consistoires ;

Un membre du consistoire central israélite, élu par ses collègues ;

Deux membres de la Cour de cassation, élus par leurs collègues ;

Cinq membres de l'Institut, élus par l'Institut en assemblée générale, et choisis dans chacune des cinq classes ;

Un membre du Collège de France, élu par ses collègues ;

Un membre d'une faculté de droit, élu par les professeurs des facultés de droit ;

Un membre d'une faculté de médecine, élu par les professeurs des facultés de médecine ;

Un membre d'une faculté des lettres, élu par les professeurs des facultés des lettres ;

Un membre d'une faculté des sciences, élu par les professeurs des facultés des sciences ;

Un membre de l'académie de médecine, élu par ses collègues ;

Un membre du Conseil supérieur des arts et manufactures, élu par ses collègues ;

Un membre du Conseil supérieur du commerce, élu par ses collègues ;

Un membre du Conseil supérieur de l'agriculture, élu par ses collègues ;

Sept membres de l'enseignement public, nommés par le Président de la République, en conseil des ministres, et choisis parmi les inspecteurs généraux, recteurs et anciens recteurs, professeurs et anciens professeurs des facultés, professeurs du Collège de France, professeurs du Muséum d'histoire naturelle, directeur de l'École normale supérieure, proviseurs des lycées;

Quatre membres de l'enseignement libre, élus par le Conseil.

ART. 2. — Les membres du Conseil sont élus pour six ans.
Ils sont indéfiniment rééligibles.

ART. 3. — Le Conseil tient deux sessions par an. En dehors de ces deux sessions ordinaires, il peut être convoqué par le ministre.

Le ministre doit, en outre, le convoquer chaque fois que dix de ses membres en font la demande.

Le Conseil peut choisir dans son sein des commissions chargées d'étudier, dans l'intervalle des sessions, les questions sur lesquelles il a à délibérer, et de lui en faire rapport.

Quand les questions à examiner seront exclusivement relatives aux établissements d'enseignement public, les commissions nommées devront être choisies en majorité parmi les membres du Conseil appartenant à cet enseignement.

ART. 4. — Le Conseil supérieur peut être appelé à donner son avis sur les projets de lois, de règlements et de décrets relatifs à l'enseignement, et, en général, sur toutes les questions qui lui seront soumises par le ministre.

Il est nécessairement appelé à donner son avis :

Sur les règlements relatifs aux examens, aux concours et aux programmes d'études dans les écoles publiques, à la surveillance des écoles libres, et en général sur tous les arrêtés portant règlement pour les établissements d'instruction publique ;

Sur la création des facultés, lycées et collèges;

6.

Sur les secours et encouragements à accorder aux établissements libres d'instruction secondaire;

Sur les livres qui peuvent être introduits dans les écoles publiques et sur ceux qui doivent être défendus dans les écoles libres, comme contraires à la morale, à la Constitution et aux lois.

Il prononce, en dernier ressort, sur les jugements rendus par les Conseils départementaux ou académiques dans les cas déterminés par les articles 14, 68 et 76 de la loi du 15 mars 1850 [1] ; toutefois, il ne peut prononcer définitivement l'interdiction de l'enseignement libre que si sa décision est prise aux deux tiers des suffrages.

Le Conseil présente chaque année, au ministre, un rapport sur l'état général de l'enseignement, sur les abus qui pourraient s'introduire dans les établissements d'instruction et sur les moyens d'y remédier.

ART. 5. — Sont abrogés les articles 1 et 3 du décret du 9 mars 1852 [2] dans leurs dispositions relatives à la révocation des membres de l'enseignement public.

Les articles 14, 68 et 76 de la loi du 15 mars 1850 [1] sont remis en vigueur.

(M. JULES SIMON, ministre.)

Décret du 25 mars 1873, instituant un Comité consultatif de l'enseignement public.

ARTICLE 1er. — Le Comité des inspecteurs généraux constitué près le ministère de l'instruction publique prend le titre de Comité consultatif de l'enseignement public.

ART. 2. — Le Comité consultatif, présidé par le ministre, est composé de douze inspecteurs généraux désignés par le ministre, du vice-recteur de l'académie de Paris, du directeur de

1. Voir ces articles, pages v, XXIV et XXVI.
2. Voir ces articles, pages LVI et LVII.

l'École normale supérieure, d'un professeur de chacune des facultés de droit, de médecine, des sciences et des lettres, d'un professeur de l'école supérieure de pharmacie, d'un professeur du Collège de France et d'un professeur du Muséum d'histoire naturelle, des directeurs de l'enseignement supérieur, secondaire et primaire au ministère de l'instruction publique, et du chef de division de la comptabilité centrale.

ART. 3. — Le Comité se divise en trois sections. Chaque section se réunit nécessairement une fois par mois.

Le Comité se réunit en assemblée générale une fois par trimestre.

ART. 4. — Le Comité donne son avis sur les projets de loi, de règlements et de programmes d'études, sur les questions de contentieux administratif et de discipline qui lui sont renvoyées par le ministre.

Il est consulté sur les questions relatives à l'avancement des fonctionnaires et membres du corps enseignant.

Il délibère sur les vœux émis dans les comités mensuels de perfectionnement, dans les assemblées de facultés et dans les réunions des professeurs des lycées et collèges.

A la fin de chaque année scolaire, le Comité consultatif tient une session spéciale pour dresser un tableau général d'avancement de tous les membres du corps enseignant, et proposer, s'il y a lieu, des mutations et des mesures disciplinaires. Pendant cette session, les présidents des jurys d'agrégation sont appelés à siéger dans le Comité avec voix délibérative.

Décret du 13 avril 1875, relatif à l'admission des professeurs à la retraite.

ARTICLE 1er. — Les professeurs qui réunissent les conditions légales pour être admis à la retraite n'y pourront être admis que sur leur demande, ou après que le ministre aura pris l'avis du Comité consultatif de l'instruction publique, s'ils appartiennent à l'enseignement secondaire, et du Conseil supérieur de l'instruction publique, s'ils appartiennent à l'enseignement supérieur.

Dans l'un et l'autre cas, l'avis n'est pas obligatoire pour le ministre.

ART. 2. — Le ministre de l'instruction publique, des cultes et des beaux-arts est chargé de l'exécution du présent décret.

(M. H. WALLON, ministre.)

Loi du 12 juillet 1875, relative à la liberté de l'enseignement supérieur.

TITRE Ier. *Des cours et des établissements libres d'enseignement supérieur.*

ARTICLE Ier. — L'enseignement supérieur est libre.

ART. 2. — Tout Français âgé de vingt-cinq ans, n'ayant encouru aucune des incapacités prévues par l'article 8 de la présente loi, les associations formées légalement dans un dessein d'enseignement supérieur, pourront ouvrir librement des cours et des établissements d'enseignement supérieur, aux seules conditions prescrites par les articles suivants.

Toutefois, pour l'enseignement de la médecine et de la pharmacie, il faudra justifier, en outre, des conditions requises pour l'exercice des professions de médecin ou de pharmacien.

Les cours isolés dont la publicité ne sera pas restreinte aux auditeurs régulièrement inscrits resteront soumis aux prescriptions des lois sur les réunions publiques.

Un règlement d'administration publique déterminera les formes et les délais des inscriptions exigées par le paragraphe précédent.

ART. 3. — L'ouverture de chaque cours devra être précédée d'une déclaration signée par l'auteur de ce cours.

Cette déclaration indiquera les nom, qualités et domicile du déclarant, le local où seront faits les cours et l'objet ou les divers objets de l'enseignement qui y sera donné.

Elle sera remise aux recteurs dans les départements où est établi le chef-lieu de l'académie et à l'inspecteur d'académie dans les autres départements. Il en sera donné immédiatement récépissé.

L'ouverture du cours ne pourra avoir lieu que dix jours francs après la délivrance du récépissé.

Toute modification aux points qui auront fait l'objet de la déclaration primitive devra être portée à la connaissance des autorités désignées dans le paragraphe précédent. Il ne pourra être donné suite aux modifications projetées que cinq jours après la délivrance du récépissé.

Art. 4. — Les établissements libres d'enseignement supérieur devront être administrés par trois personnes au moins.

La déclaration prescrite par l'article 3 de la présente loi devra être signée par les administrateurs ci-dessus désignés ; elle indiquera leurs noms, qualités et domiciles, le siège et les statuts de l'établissement, ainsi que les autres énonciations mentionnées dans ledit article 3.

En cas de décès ou de retraite de l'un des administrateurs, il devra être procédé à son remplacement dans le délai de six mois.

Avis en sera donné au recteur ou à l'inspecteur d'académie.

La liste des professeurs et le programme des cours seront communiqués chaque année aux autorités désignées dans le paragraphe précédent.

Indépendamment des cours proprement dits, il pourra être fait dans lesdits établissements des conférences spéciales, sans qu'il soit besoin d'autorisation préalable.

Les autres formalités prescrites par l'article 3 de la présente loi sont applicables à l'ouverture et à l'administration des établissements libres.

Art. 5. — Les établissements d'enseignement supérieur ouverts conformément à l'article précédent, et comprenant au moins le même nombre de professeurs pourvus du grade de docteur que les Facultés de l'État qui comptent le moins de chaires, pourront prendre le nom de Faculté libre des lettres, des sciences, de droit, de médecine, *etc.*, s'ils appartiennent à des particuliers ou à des associations.

Quand ils réuniront trois Facultés, ils pourront prendre le nom d'Universités libres.

ART. 6. — Pour les Facultés des lettres, des sciences et de droit, la déclaration signée par les administrateurs devra porter que lesdites Facultés ont des salles de cours, de conférences et de travail suffisantes pour cent étudiants au moins, et une bibliothèque spéciale.

Pour une Faculté des sciences, il devra être établi en outre qu'elle possède des laboratoires de physique et de chimie, des cabinets de physique et d'histoire naturelle en rapport avec les besoins de l'enseignement supérieur.

S'il s'agit d'une Faculté de médecine, d'une Faculté mixte de médecine et de pharmacie, ou d'une école de médecine ou de pharmacie, la déclaration signée par les administrateurs devra établir :

Que ladite Faculté ou école dispose, dans un hôpital fondé par elle ou mis à sa disposition par l'assistance publique, de 120 lits au moins, habituellement occupés, pour les trois enseignements cliniques principaux : médical, chirurgical, obstétrical ;

Qu'elle est pourvue : 1º de salles de dissection munies de tout ce qui est nécessaire aux exercices anatomiques des élèves ; 2º des laboratoires nécessaires aux études de chimie, de physique et de physiologie ; 3º de collections d'étude pour l'anatomie normale et pathologique, d'un cabinet de physique, d'une collection de matière médicale, d'une collection d'instruments et appareils de chirurgie ;

Qu'elle met à la disposition des élèves un jardin de plantes médicinales et une bibliothèque spéciale.

S'il s'agit d'une école spéciale de pharmacie, les administrateurs de cet établissement devront déclarer qu'il possède des laboratoires de physique, de chimie, de pharmacie et d'histoire naturelle, les collections nécessaires à l'enseignement de la pharmacie, un jardin de plantes médicinales et une bibliothèque spéciale.

ART. 7. — Les cours ou établissements libres d'enseignement supérieur seront toujours ouverts et accessibles aux délégués du ministre de l'instruction publique.

La surveillance ne pourra porter sur l'enseignement que pour vérifier s'il n'est pas contraire à la morale, à la Constitution et aux lois.

ART. 8. — Sont incapables d'ouvrir un cours et de remplir les fonctions d'administrateur ou de professeur dans un établissement libre d'enseignement supérieur :

1° Les individus qui ne jouissent pas de leurs droits civils;

2° Ceux qui ont subi une condamnation pour crime ou pour un délit contraire à la probité ou aux mœurs;

3° Ceux qui, par suite de jugement, se trouveront privés de tout ou partie des droits civils, civiques et de famille, indiqués dans les nos 1, 2, 3, 5, 6, 7 et 8 de l'article 42 du Code pénal[1];

4° Ceux contre lesquels l'incapacité aura été prononcée en vertu de l'article 16 de la présente loi.

ART. 9. — Les étrangers pourront être autorisés à ouvrir des cours ou à diriger des établissements libres d'enseignement supérieur dans les conditions prescrites par l'article 78 de la loi du 15 mars 1850[2].

TITRE II. *Des associations formées dans un dessein d'enseignement supérieur.*

ART. 10. — L'article 291 du Code pénal[3] n'est pas applicable aux associations formées pour créer et entretenir des cours ou

1. Voir cet article, page IX, note 2.
2. Voir cet article, page XXVII.
3. *Art.* 291 *du Code pénal.* — Nulle association de plus de vingt personnes, dont le but sera de se réunir tous les jours ou à certains jours marqués pour s'occuper d'objets religieux, littéraires, politiques

établissements d'enseignement supérieur dans les conditions déterminées par la présente loi.

Il devra être fait une déclaration indiquant les noms, professions et domiciles des fondateurs et administrateurs desdites associations, le lieu de leurs réunions et les statuts qui doivent les régir.

Cette déclaration devra être faite, savoir : 1° au recteur ou à l'inspecteur d'académie, qui la transmettra au recteur ; 2° dans le département de la Seine au préfet de police, et dans les autres départements au préfet ; 3° au procureur général de la cour du ressort, en son parquet, ou au parquet du procureur de la République.

La liste complète des associés, avec indication de leur domicile, devra se trouver au siège de l'association et être communiquée au parquet à toute réquisition du procureur général.

Art. 11. — Les établissements d'enseignement supérieur fondés ou les associations formées en vertu de la présente loi pourront, sur leur demande, être déclarés établissements d'utilité publique, dans les formes voulues par la loi, après avis du Conseil supérieur de l'instruction publique.

Une fois reconnus, ils pourront acquérir et contracter à titre onéreux ; ils pourront également recevoir des dons et des legs dans les conditions prévues par la loi.

La déclaration d'utilité publique ne pourra être révoquée que par une loi.

Art. 12. — En cas d'extinction d'un établissement d'enseignement supérieur reconnu, soit par l'expiration de la société, soit par la révocation de la déclaration d'utilité publique, les biens acquis par donation entre-vifs et par disposition à cause

ou autres, ne pourra se former qu'avec l'agrément du gouvernement, et sous les conditions qu'il plaira à l'autorité publique d'imposer à la société.

Dans le nombre des personnes indiqué par le présent article. ne sont pas comprises celles domiciliées dans la maison où l'association se réunit.

de mort feront retour aux donateurs et aux successeurs des donateurs et testateurs, dans l'ordre réglé par la loi, et, à défaut de successeurs, à l'État.

Les biens acquis à titre onéreux feront également retour à l'État, si les statuts ne contiennent à cet égard aucune disposition.

Il sera fait emploi de ces biens pour les besoins de l'enseignement supérieur par décrets rendus en Conseil d'État, après avis du Conseil supérieur de l'instruction publique.

TITRE III. *De la collation des grades.*

ART. 13. — Les élèves des Facultés libres pourront se présenter pour l'obtention des grades devant les Facultés de l'État, en justifiant qu'ils ont pris dans la Faculté dont ils ont suivi les cours le nombre d'inscriptions voulues par les règlements.

Les élèves des Universités libres pourront se présenter, s'ils le préfèrent, devant un jury spécial formé dans les conditions déterminées par l'article 14.

Toutefois le candidat ajourné devant une Faculté de l'État ne pourra se présenter ensuite devant le jury spécial, et réciproquement, sans en avoir obtenu l'autorisation du ministre de l'instruction publique. L'infraction à cette disposition entraînerait la nullité du diplôme ou du certificat obtenu.

Le baccalauréat ès lettres et le baccalauréat ès sciences resteront exclusivement conférés par les facultés de l'État.

ART. 14. — Le jury spécial sera formé de professeurs ou agrégés des Facultés de l'État et de professeurs des Universités libres pourvus du diplôme de docteur. Ils seront désignés, pour chaque session, par le ministre de l'instruction publique, et, si le nombre des membres de la commission d'examen est pair, ils seront pris en nombre égal dans les Facultés de l'État et dans l'Université libre à laquelle appartiendront les candidats à examiner. Dans le cas où le nombre est impair, la majorité sera du côté des membres de l'enseignement public.

La présidence, pour chaque commission, appartiendra à un membre de l'enseignement public.

Le lieu et les époques des sessions d'examen seront fixés, chaque année, par un arrêté du ministre, après avis du Conseil supérieur de l'instruction publique.

ART. 15. — Les élèves des Universités libres seront soumis aux mêmes règles que ceux des Facultés de l'État, notamment en ce qui concerne les conditions préalables d'âge, de grades, d'inscriptions, de stage dans les hôpitaux, le nombre des épreuves à subir devant le jury spécial pour l'obtention de chaque grade, les délais obligatoires entre chaque grade et les droits à percevoir.

Un règlement délibéré en Conseil supérieur de l'instruction publique déterminera les conditions auxquelles un étudiant pourra passer d'une Faculté dans une autre.

TITRE IV. *Des pénalités.*

ART. 16. — Toute infraction aux articles 3, 4, 5, 6, 8 et 10 de la présente loi sera punie d'une amende qui ne pourra excéder 1,000 fr.

Sont passibles de cette peine :

1º L'auteur du cours, dans le cas prévu par l'article 3 ;

2º Les administrateurs, ou, à défaut d'administrateurs régulièrement constitués, les organisateurs, dans les cas prévus par les articles 4, 6 et 10 ;

3º Tout professeur qui aura enseigné malgré la défense de l'article 8.

ART. 17. — En cas d'infraction aux prescriptions des articles 3, 4, 5, 6 ou 10, les tribunaux pourront prononcer la suspension du cours ou de l'établissement pour un temps qui ne devra pas excéder trois mois.

En cas d'infraction aux dispositions de l'article 8, ils prononceront la fermeture du cours et pourront prononcer celle de l'établissement.

Il en sera de même lorsqu'une seconde infraction aux prescriptions des articles 3, 4, 5, 6 ou 10 sera commise dans le courant de l'année qui suivra la première condamnation. Dans ce cas, le délinquant pourra être frappé, pour un temps n'excédant pas cinq ans, de l'incapacité édictée par l'article 8.

ART. 18. — Tout jugement prononçant la suspension ou la fermeture d'un cours sera exécutoire par provision, nonobstant appel ou opposition.

ART. 19. — Tout refus de se soumettre à la surveillance, telle qu'elle est prescrite par l'article 7, sera puni d'une amende de 1,000 à 3,000 francs, et en cas de récidive, de 3,000 à 6,000 francs.

Si la récidive a lieu dans le courant de l'année qui suit la première condamnation, le jugement pourra ordonner la fermeture du cours ou de l'établissement.

Tous les administrateurs de l'établissement seront civilement et solidairement responsables du payement des amendes prononcées contre l'un ou plusieurs d'entre eux.

ART. 20. — Lorsque les déclarations faites conformément aux articles 3 et 4 indiqueront comme professeur une personne frappée d'incapacité, ou contiendront la mention d'un sujet contraire à l'ordre public ou à la morale publique et religieuse, le procureur de la République pourra former opposition dans les dix jours.

L'opposition sera notifiée à la personne qui aura fait la déclaration.

La demande en mainlevée pourra être formée devant le tribunal civil, soit par délaration écrite au bas de la notification, soit par acte séparé adressé au procureur de la République.

Elle sera portée à la plus prochaine audience.

En cas de pourvoi en cassation, le recours sera formé dans la quinzaine de la notification de l'arrêt par déclaration au greffe de la cour ; il sera notifié dans la huitaine, soit à la partie, soit au procureur général, suivant le cas, le tout à peine de déchéance.

Le recours formé par le procureur général sera suspensif.

L'affaire sera portée directement devant la chambre civile de la Cour de cassation.

Le cours ne pourra être ouvert avant la mainlevée de l'opposition, à peine d'une amende de 16 francs à 500 francs, laquelle pourra être portée au double en cas de récidive dans l'année qui suivra la première condamnation.

Si le cours est ouvert dans un établissement, les administrateurs seront civilement et solidairement responsables des amendes prononcées en vertu du présent article.

ART. 21. — En cas de condamnation pour délit commis dans un cours, les tribunaux pourront prononcer la fermeture du cours.

La poursuite entraînera la suspension provisoire du cours; l'affaire sera portée à la plus prochaine audience.

ART. 22. — Indépendamment des pénalités ci-dessus édictées, tout professeur pourra, sur la plainte du préfet ou du recteur, être traduit devant le Conseil départemental de l'instruction publique, pour cause d'inconduite notoire, ou lorsque son enseignement sera contraire à la morale et aux lois, ou pour désordre grave occasionné ou toléré par lui dans son cours. Il pourra, à raison de ces faits, être soumis à la réprimande avec ou sans publicité; l'enseignement pourra même lui être interdit à temps ou à toujours, sans préjudice des peines encourues pour crimes ou délits.

Le Conseil départemental devra être convoqué dans les huit jours à partir de la plainte.

Appel de la décision rendue pourra toujours être porté devant le Conseil supérieur, dans les quinze jours à partir de la notification de cette décision.

L'appel ne sera pas suspensif.

ART. 23. — L'article 463 du Code pénal [1] pourra être appliqué aux infractions prévues par la présente loi.

Dispositions transitoires.

ART. 24. — Le gouvernement présentera dans le délai d'un an un projet de loi ayant pour objet d'introduire dans l'ensei-

1. Voir cet article, page XXVII, note 2.

gnement supérieur de l'État les améliorations reconnues nécessaires.

Art. 25.—Sont abrogés les lois et décrets antérieurs en ce
qu'ils ont de contraire à la présente loi.

(M. H. WALLON, ministre.)

Décret du 25 janvier 1876, prescrivant les formalités à remplir pour l'ouverture de cours ou d'établissements libres d'enseignement supérieur et la formation d'associations dans un dessein d'enseignement supérieur.

Article 1er. — Le recteur, dans chaque département où est
établi le siège de l'académie, les inspecteurs d'académie, dans
les autres départements, sont tenus d'ouvrir un registre à
souche, coté et parafé par eux, où seront inscrites, en conformité des dispositions des articles 3, 4 et 10 de la loi du 12 juillet 1875[1], les déclarations tendant soit à l'ouverture de cours ou
d'établissements libres d'enseignement supérieur, soit à la formation d'associations dans un dessein d'enseignement supérieur.

Ces déclarations devront être signées au registre par le recteur ou l'inspecteur et par les déclarants ou leur mandataire.

Indépendamment des indications spécifiées dans le paragraphe 2 de chacun des articles susvisés, toute déclaration doit
être accompagnée : 1° de l'acte de naissance des administrateurs ou professeurs ; 2° de leurs diplômes, dans le cas où ils
sont exigibles ; 3° du plan du local, lorsqu'il s'agit de l'ouverture d'une Faculté libre ou d'une Université libre.

Art. 2. Après la délivrance du récépissé, le recteur ou l'inspecteur transmet dans les vingt-quatre heures la déclaration
reçue au procureur de la République près le tribunal de l'ar-

1. Voir ces articles, pages LXXXV, LXXXVI et LXXXVIII.

rondissement où doit s'ouvrir le cours ou l'établissement projeté.

Il y joint l'acte de naissance des parties intéressées.

Avis de cette transmission est donné au ministre de l'instruction publique et au préfet du département.

La déclaration faite au recteur ou à l'inspecteur d'académie est affichée pendant dix jours par les soins du recteur et du maire, à la porte des bureaux académiques et à la porte de la mairie du lieu où doit s'ouvrir le cours ou l'établissement libre.

ART. 3. — Dans les dix jours qui suivent la déclaration d'ouverture d'une Faculté libre ou d'une Université libre, le recteur visite ou fait visiter les locaux et adresse son rapport au ministre.

Quarante-huit heures avant l'expiration du délai de dix jours fixé par le quatrième paragraphe de l'article 3 de la loi[1], le recteur ou l'inspecteur communique au procureur de la République les observations auxquelles la déclaration affichée peut avoir donné lieu, ou l'informe qu'il n'en a pas été reçu à l'académie ou à la mairie.

ART. 4. — Lorsque le procureur de la République juge qu'il y a lieu d'user du droit spécial d'opposition qui lui est conféré par l'article 20 de la loi[2], cette opposition est motivée, déposée au greffe du tribunal et notifiée par le procureur de la République aux personnes ou au domicile des parties intéressées; le recteur ou l'inspecteur en est informé sans délai.

ART. 5. — En exécution des articles 4 et 7 de la loi[3], il sera tenu, dans chaque établissement libre, un registre spécial contenant les noms, prénoms, date et lieu de naissance des professeurs, maîtres de conférences et répétiteurs attachés à la maison, avec l'indication de la fonction spéciale que chacun d'eux remplit.

Dans chaque Faculté libre et chaque Université libre, le re-

1. Voir ce paragraphe, page LXXXVI.
2. Voir cet article, page XCII.
3. Voir ces articles, pages LXXXVI et LXXXVIII.

gistre prescrit dans le paragraphe précédent indiquera si les professeurs sont docteurs ou non.

Ce registre doit être communiqué à toute réquisition des autorités préposées à la surveillance et à l'inspection desdits établissements.

Chaque année, dix jours au moins avant l'ouverture du premier semestre, tout établissement, Faculté ou Université libre, sera tenu d'adresser à l'autorité la liste des professeurs et le programme des cours.

En cas d'extension ou de modification du programme, ou d'appel de nouveaux professeurs, avis en sera donné à l'autorité académique dix jours au moins avant l'ouverture des nouveaux cours ou l'installation des nouveaux professeurs.

ART. 6. — Lorsqu'une des conférences prévues par l'avant-dernier paragraphe de l'article 4 de la loi[1] doit avoir lieu dans un établissement libre, le chef de l'établissement est tenu d'en informer l'autorité académique vingt-quatre heures au moins à l'avance.

Art. 7. — Il sera tenu dans chaque Faculté libre et dans chaque Faculté d'une Université libre un registre coté et parafé par le recteur de l'académie ou son délégué, sur lequel seront prises de suite, sans aucun blanc, les inscriptions trimestrielles nécessaires pour fixer et reconnaître les temps d'études.

Le registre d'inscription est ouvert du 15 octobre au plus tôt, au 15 novembre au plus tard, et pendant les quinze premiers jours des trimestres de janvier, d'avril et de juillet. Après l'expiration des dates qui viennent d'être fixées, sauf les délais qui pourront être accordés par le ministre de l'instruction publique, le registre sera clos par le doyen de la Faculté libre et arrêté par le recteur de l'académie ou son délégué.

Le registre régulièrement tenu fait preuve pour l'admission aux examens.

ART. 8. — En exécution de l'article 9 de la loi du 12 juillet

1. Voir cet article, page LXXXVI.

1875[1], le décret du 5 décembre 1850[2] relatif aux conditions imposées aux étrangers pour être admis à enseigner dans les écoles d'enseignement primaire et secondaire, est applicable aux cours et établissements libres d'enseignement supérieur.

ART. 9. — Le ministre de l'instruction publique, des cultes et des beaux-arts est chargé de l'exécution du présent décret.

(M. H. WALLON, ministre.)

Décret du 25 janvier 1876, prescrivant les formalités à remplir pour les cours isolés d'enseignement supérieur dont la publicité n'est pas restreinte aux auditeurs régulièrement inscrits.

ARTICLE 1er. — Nul ne sera admis à suivre un cours isolé d'enseignement supérieur, ouvert dans les conditions prévues par la loi du 12 juillet 1875[3], si, deux jours au moins avant son admission au cours, il ne s'est fait régulièrement inscrire sur un registre spécial qui sera tenu par l'auteur du cours.

Ce registre sera coté et parafé par le recteur ou par l'inspecteur d'académie.

Il indiquera, avec mention du jour de l'inscription, les nom, prénoms, qualités et domicile des élèves.

Les mêmes renseignements seront reportés sur une carte délivrée à chaque élève lors de son inscription.

Cette carte sera visée et certifiée par le professeur.

ART. 2. — A toute réquisition de l'autorité, le registre d'inscription devra être communiqué.

ART. 3. — Nul ne pourra se présenter à une leçon sans être porteur de sa carte d'inscription.

1. Voir cet article, page LXXXVIII.
2. Voir ce décret, page XLVIII.
3. Voir cette loi, page LXXXV.

Lois sur l'enseignement. (Doc. ann.)

Le professeur devra, sous sa responsabilité, veiller à l'exécution de cette inscription.

Art. 4. — Le ministre de l'instruction publique, des cultes et des beaux-arts est chargé de l'exécution du présent décret

(M. H. WALLON, ministre.)

Décret du 5 décembre 1877 relatif à l'organisation et au fonctionnement du Comité consultatif de l'enseignement public.

ARTICLE 1er. — Le Comité consultatif de l'enseignement public est présidé par le ministre.

Il se partage en trois sections correspondant aux trois ordres d'enseignement : supérieur, secondaire et primaire.

Chacune des sections nomme son président et son secrétaire.

Dans les sections de l'enseignement supérieur et de l'enseignement primaire, le sous-directeur de chacun de ces services fait fonction de secrétaire adjoint.

Chacune des sections peut se répartir en commissions spéciales.

Art. 2. — La section de l'enseignement supérieur se compose d'inspecteurs généraux de l'enseignement supérieur, titulaires ou honoraires, de professeurs des facultés et des écoles supérieures de pharmacie, de professeurs des établissements du haut enseignement, du vice-recteur de l'académie de Paris et du directeur de l'École normale supérieure.

Les délégués des facultés au Conseil supérieur de l'instruction publique sont membres de droit de la section pendant la durée de leur mandat.

La section de l'enseignement secondaire se compose d'inspecteurs généraux de l'enseignement secondaire, titulaires ou honoraires, d'inspecteurs généraux des langues vivantes, du vice-recteur de l'académie de Paris et du directeur de l'École normale supérieure.

La section de l'enseignement primaire se compose d'inspecteurs généraux, titulaires ou honoraires, du vice-recteur de l'académie de Paris et du directeur de l'École normale primaire de la Seine.

Les directeurs des trois ordres d'enseignement font partie de droit du Comité.

ART. 3. — Ceux des membres du Comité qui ne font pas partie de cette assemblée en vertu de leurs titres sont nommés par le ministre pour cinq ans.

ART. 4. — Les membres de l'Institut et les fonctionnaires de l'enseignement public appelés annuellement par le ministre à prendre part aux travaux de l'inspection générale ou à présider les jurys d'agrégation, peuvent, par arrêté du ministre, siéger au conseil, avec voix délibérative.

ART. 5. — Chaque section se réunit, sous la convocation du ministre, à des époques qui seront fixées par un règlement propre à chacune d'elles.

ART. 6. — Le Comité donne son avis sur les projets de lois, de règlements et de programmes d'études, sur les questions de contentieux administratif et de discipline universitaire qui lui sont renvoyés par le ministre.

Il délibère, en section de l'enseignement supérieur, sur les vœux émis par les comités mensuels de perfectionnement institués près les facultés.

Il donne nécessairement son avis sur l'admission à la retraite des professeurs titulaires.

Il est tenu registre des délibérations de chacune des sections, et les procès-verbaux des séances doivent être certifiés par le président, après lecture et approbation.

ART. 7. — A la fin de chaque année scolaire, chacune des sections tient une session spéciale pour dresser le tableau d'avancement des membres du corps enseignant.

Pendant cette session, les présidents des jurys d'agrégation, les membres de l'Institut et les fonctionnaires adjoints à l'inspection générale sont admis à prendre part aux travaux des sections, avec voix délibérative.

ART. 8. — Sont abrogées les dispositions contraires au présent décret.

ART. 9. — Le ministre de l'instruction publique, des cultes et des beaux-arts est chargé de l'exécution du présent décret.

(M. H. FAYE, ministre.)

Annuaire de l'Instruction publique et des Beaux-Arts pour l'Année 1880 ; 1 fort volume in-8°, format carré, *rel. toile*, 6 f.

Cet ouvrage se divise en deux parties qui se vendent chacune séparément :

Première Partie : Administration et personnel, présentant le personnel de l'administration centrale de l'Instruction publique et des Beaux-Arts, des administrations académiques, des facultés, écoles supérieures et préparatoires, lycées, collèges communaux, écoles normales primaires, etc., avec une table alphabétique des fonctionnaires de l'Université ; 1 fort volume in-8°, format carré, de 524 pages, *br.* 4 f.

Deuxième Partie : Législation, comprenant les conditions 1° d'obtention des grades et diplômes de l'enseignement ; 2° d'exercice des fonctions de l'enseignement public et libre ; 3° d'admission aux écoles spéciales ; 1 volume in-8°, format carré, de 164 pages, *br.* 2 f.

Tableau récapitulatif, pour chaque faculté et pour chaque classe des compositions qui doivent être faites dans les lycées et collèges de l'académie de Paris, pendant l'année scolaire 1880-1881, in-plano format écu, *l'exemplaire*, 40 c.

Plan d'Études des lycées et Programmes de l'Enseignement secondaire classique ; 1 vol. in-12, composé de deux parties, *br.* 1 f. 25 c.

Première partie, Classes de Lettres (Nouveaux Programmes prescrits par arrêté du 2 août 1880) ; in-12, *br.* 75 c.

Deuxième partie, Classes supérieures des Sciences et enseignements divers ; in-12, *br.* 75 c.

Plan d'Études et Programmes de l'enseignement secondaire spécial, conformément aux arrêtés ministériels : édition complète avec documents officiels ; in-12 *br.* 2 f.

Programme nouveau de l'Examen du Baccalauréat ès Lettres, scindé en deux examens, conformément au décret du 19 juin 1880, et aux arrêtés des 19 juin, 2 août et 27 septembre 1880 ; in-12, *br.* 30 c.

Programme des conditions d'admission aux bourses de Licence et d'Agrégation (Enseignement supérieur), conformément aux plus récents documents officiels ; in-12, *br.* 40 c.

L'École, législation relative à la construction et à l'appropriation des bâtiments scolaires, classes et matériel, dépendances, logement et mobilier, personnel, jardins, bibliothèques, etc., par *M. B. Subercaze*, inspecteur de l'enseignement primaire, officier de l'instruction publique ; 1 vol. in-12 de 108 pages, *br.* 1 f. 25 c.

www.ingramcontent.com/pod-product-compliance
Lightning Source LLC
Chambersburg PA
CBHW071900200326
41519CB00016B/4478